MARK
# BEHR

# L'odeur des pommes

ROMAN

*Traduit de l'anglais (Afrique du Sud)*
*par Pierre Guglielmina*

J'AI LU

Traduit avec le concours
du Centre national du livre

*Titre original :*
THE SMELL OF APPLES

*Éditeur original :*
Abacus, un département de Little, Brown Book Group, Londres

Première publication (afrikaans) en Afrique du Sud
par Queillerie 1993
Première publication (anglais) en Grande-Bretagne
par Abacus, une division de Little, Brown Book Group 1995

# L'odeur des pommes

*Merci, pardonnez-moi, je vous embrasse, ô mains*
*De ma patrie négligée, méprisée,*
*Mon hésitation, ma famille, mes amis.*

Boris PASTERNAK

*Une seule vie nous est donnée, au cours de laquelle nous voulions simplement être aimés à jamais.*

Antjie Krog

Mon vrai nom, c'est Marnus, mais lorsque Papa me parle, le plus souvent, il m'appelle « mon fils » ou « mon petit taureau », et Maman et lui aiment aussi m'appeler « mon petit négrillon ».

Pour mon anniversaire en novembre, j'ai reçu un Scalextric avec deux Porsche 918, une rouge et une verte. Frikkie Delport et moi, on a aidé mon père à monter le circuit électrique miniature sur une planche et, depuis, la piste est restée en place sur le sol de ma chambre. Pendant la semaine, je n'ai le droit d'y jouer que lorsque j'ai terminé mes devoirs et que ma mère a signé mon carnet de correspondance.

Frikkie et moi, on est dans la même classe depuis le cours préparatoire. La seule fois où on n'a pas été ensemble, c'était en cours élémentaire première année, quand il a été envoyé en classe B parce qu'il faisait très mal ses lettres. Pendant son séjour en classe B, nous ne nous sommes pas beaucoup vus et, au cours de cette année, je suis devenu copain avec Hanno Louw, dont le père est chirurgien à Groote Schuur. Le docteur Louw était un confrère de Chris Barnard, qui a fait la première transplantation cardiaque sur Louis Waschkanski. J'allais jouer chez Hanno le vendredi après-midi, mais je n'y ai jamais vu Chris Barnard. Hanno m'a juste montré des photos de son père et de sa mère dans un groupe où figuraient Chris Barnard et sa femme, Louwtjie.

Avec Hanno Louw, je ne suis jamais devenu aussi bon ami qu'avec Frikkie. Pendant le premier trimestre du cours préparatoire, j'avais pris l'habitude d'observer Frikkie à distance. Déjà à cette époque, tout le monde disait qu'il était l'élève le plus dissipé de la classe. Pendant certaines récréations, il lui arrivait de quitter l'école et de rentrer chez lui, dans leur maison de Hofmeyer Street, un peu au-delà du lycée. Bien des fois, l'instituteur devait téléphoner chez Frikkie et, peu de temps après, on voyait Gloria arriver à l'école, le traînant par la main. Gloria portait des talons hauts et elle se comportait comme si elle avait été une vraie dame – rouge à lèvres violet et pantalon à pattes d'éléphant.

Quand Frikkie ne rentrait pas chez lui pendant les récréations, il harcelait en général les autres garçons dans la cour. Certains d'entre eux allaient toujours moucharder, accusant Frikkie de les avoir bousculés et, plus tard, quand nous sommes arrivés dans les classes supérieures, il a commencé à se prendre des raclées de la part du proviseur.

Nous sommes devenus meilleurs amis au cours du deuxième trimestre du cours préparatoire.

Mais sans mes oreilles, ça ne se serait peut-être jamais produit. J'ai toujours eu les grandes oreilles de mon père et j'en ai un peu honte parce qu'elles sont vraiment décollées. Quand j'ai mon béret de *Voortrekker* sur la tête, l'oreille gauche a l'air encore plus grande, parce que le béret penché sur l'oreille droite la cache presque entièrement. Papa dit que ce sont les oreilles des Erasmus et je ne lui ai jamais raconté les plaisanteries que faisaient les autres enfants quand j'étais plus petit.

Frikkie avait l'habitude de se choisir une victime et de lui consacrer toute son attention, que cette attention ait été sollicitée ou non. Certains garçons plus âgés en avaient même souffert, parce que Frikkie, tout en étant un peu plus petit, avait toujours été beaucoup plus fort que tout le monde.

Au cours d'une récréation, Frikkie était venu nous voir jouer à la toupie derrière l'atelier de menuiserie. Il nous avait regardés pendant un moment avant d'essayer. La veille, il avait déjà essayé et n'était pas parvenu à la faire tourner. Chaque fois qu'il lançait la toupie, elle basculait sur le côté et partait rouler dans l'herbe. Il avait fini par marmonner que c'était un jeu idiot et il était reparti à grands pas. De nouveau, c'était ce qui était en train de se passer. Il était incapable de faire tourner sa toupie correctement. Je le dévisageais du coin de l'œil, en attendant de l'entendre dire quelque chose et de le voir s'en aller de nouveau. Il allait le faire, quand il m'avait vu l'observer.

« Qu'est-ce que tu regardes ? » avait-il demandé et j'avais senti mon estomac se retourner. Je savais que j'allais être la cible du jour. Je ne savais que répondre.

« Hé ! Je te parle ! » J'y réfléchissais encore quand il avait crié : « C'est quoi ces trucs que t'as sur la tête ? Hein ? Des décorations ou quoi ? »

J'avais senti mes oreilles rougir et les autres garçons avaient cessé de jouer pour se relever et nous regarder.

« Tu ressembles à Dumbo avec ces oreilles, mec. T'es sourd ou quoi ? »

J'avais encore peur de Frikkie à cette époque-là parce que je voyais bien qu'il était plus fort que moi. Je ne voulais pas me battre avec lui, non seulement parce qu'il était plus fort, mais surtout parce que ma mère disait toujours que si on se battait en portant l'uniforme de l'école, on était sûr de ne pas y faire long feu. Ma mère était toujours copine avec mes instituteurs et ceux d'Ilse, et je savais qu'elle serait la première à apprendre que je m'étais battu.

« Est-ce que tu vas me répondre, Dumbo ? avait demandé Frikkie.

— Tu tiens ta toupie de travers » avais-je dit et je m'étais approché de lui rapidement sans lui donner le temps de me répondre. Avant qu'il ait pu dire quoi que ce soit, j'avais pris la toupie de sa main et je lui avais montré comment enrouler le doigt autour avant de la lancer. Après quelques essais, il avait pigé et, très vite, il avait essayé d'embrasser les toupies de chacun des garçons présents. On appelait « embrasser » le fait de réussir à faire tourner sa toupie sur une toupie qui tournait déjà. Avant que les toupies ne soient plus à la mode, Frikkie en avait cassé pas mal avec ses baisers mortels. S'il n'arrivait pas à les casser en deux, il les fendait ou les ébréchait de telle manière qu'elles ne tenaient plus en équilibre et devenaient inutilisables. Les toupies de tout le monde, sauf la mienne. Et depuis ce jour-là, plus personne ne m'a taquiné à propos de mes oreilles.

Ça avait donc été horrible en cours élémentaire première année, quand il avait été envoyé en classe B. Mais depuis qu'il était revenu en classe A pour le cours élémentaire deuxième année, nous passions tout notre temps libre ensemble. Après l'école, si ma mère ne m'attend pas à la sortie, Frikkie et moi rentrons chez lui à pied, et j'y reste jusqu'à ce qu'elle vienne chercher Ilse au lycée qui est à deux pas.

Le père de Frikkie est un gros bonnet à Sanlam et sa mère a un magasin de vêtements dans Adderley Street, près de Stuttafords. Comme Mrs. Delport est rarement à la maison l'après-midi, Frikkie et moi traînons dans les rues, pendant que ma mère pense que nous faisons nos devoirs sous la surveillance de Gloria. Mais Gloria est rarement là elle aussi et, même lorsqu'elle l'est, elle n'a pas grand-chose à faire de ce qui nous occupe. La plupart du temps, elle se met du rouge à lèvres ou elle s'observe devant un des miroirs de la salle de bains, tout en passant un peigne bizarre dans sa coiffure afro pour essayer de la faire gonfler. Dieu sait quand elle trouve le temps de faire le ménage et le repassage. Gloria parle l'afrikaans sans l'accent des Coloureds et ma mère dit que c'est pour cette raison qu'elle se prend pour une Blanche. Frikkie me raconte que c'est seulement lorsqu'elle est ivre que son accent *gammat* réapparaît. Quand on la taquine sur son accent, elle nous ignore tout simplement ou dit quelque chose comme « Tous vos rires se changeront en larmes amères », et puis elle nous fait son sourire de pouffe et nous tourne le dos.

Certains après-midi, après l'école, il faut que j'explique les maths à Frikkie. Cette année, nous avons commencé à faire des fractions et, en dépit de tous ses efforts, Frikkie comprend rarement. Nous nous asseyons à la grande table de leur salle à manger et je dois lui répéter les mêmes choses inlassablement. Parfois, il trouve le résultat juste quand il s'agit d'un quart ou d'une moitié, mais dès qu'il voit un chiffre impair avec un tiers ou un cinquième, il se met à se gratter la tête avec le bout de son crayon et je sais alors qu'il n'y arrivera pas. Mais il fait semblant de réfléchir et, au bout d'un moment, il inscrit le résultat de n'importe quelle fraction précédente. Quand je lui demande comment il est parvenu à un chiffre aussi dingue, il hausse les épaules et me regarde avec ses petits yeux marron, avant de me dire qu'il ne comprend rien. Quand il se débat avec la fraction la plus élémentaire, je me sens vraiment désolé pour lui, parce que je sais que, le lendemain, Miss Engelbrecht va le traiter d'abruti, lui dire qu'il a le cerveau d'une mante religieuse.

Le pire, c'est lorsqu'elle s'arrête dans l'allée à la hauteur de notre pupitre et se penche par-dessus l'épaule de Frikkie occupé à faire ses calculs. Parfois, elle lui tire les cheveux juste au-dessus de son oreille et, tout en lui secouant la tête, essaie de lui expliquer la fraction. Je ne supporte pas de la voir faire ça et de l'entendre crier, parce que je sais quels efforts il fait. Parfois, quand je prends du temps pour lui expliquer quelque chose, il finit par comprendre. Mais dès que je m'impatiente ou qu'il m'agace, il me traite de grande gueule et me dit que nous ferions mieux d'arrêter et d'aller jouer dehors. Même s'il ne l'a jamais dit, je sais qu'il se ferme comme une huître dès qu'il perd son assurance. Sinon, il s'échauffe et s'impatiente.

En mai, alors qu'il était toujours incapable de résoudre une fraction, Frikkie m'a demandé s'il ne pouvait pas tout simplement copier mes devoirs en maths. Ça nous épargnerait d'avoir à rester assis à la table de la salle à manger et nous permettrait de faire autre chose. Au début, je n'ai pas voulu parce que ma mère dit que copier les devoirs de quelqu'un, c'est voler avec ses yeux. Que l'on vole avec ses mains ou avec ses yeux le travail d'un autre, le péché est tout aussi grave, tout aussi sérieux. Mais le temps passant, j'en ai eu marre d'avoir à tout expliquer à longueur d'après-midi, et maintenant je le laisse copier sur moi de temps en temps. Quand il copie beaucoup, je prie Dieu pour qu'il me pardonne. Dans ma prière, j'essaie d'expliquer que Frikkie ne copiera sur moi que jusqu'au moment où il saura résoudre ses fractions. Ce n'est pas comme s'il copiait sans rien apprendre ; nous ne faisons que l'aider provisoirement.

Un jour, sans crier gare, Miss Engelbrecht m'a demandé si Frikkie avait copié sur moi pour ses devoirs de maths. L'ensemble de la classe s'est tu et chaque élève s'est tourné pour nous regarder tous les deux, assis au pupitre du fond. J'ai froncé les sourcils et répondu que non, sur un ton qui laissait penser que jamais nous n'aurions imaginé faire une chose pareille. Mais ça ne l'a pas empêchée de nous faire venir sur l'estrade. Nous avons dû nous placer de chaque côté d'elle pendant qu'elle tapotait son stylo rouge sur nos cahiers ouverts.

« Bien, bien ! » s'est-elle exclamée en imprimant des petites marques en forme de demi-lune sur le papier, en enfonçant ses ongles rouges sous les sommes de nos fractions. « Alors comment se fait-il que deux personnes puissent faire exactement les mêmes erreurs pour les mêmes fractions, si elles n'ont pas copié l'une sur l'autre ? » Et elle a entouré de trois grands cercles rouges les erreurs de Frikkie.

« Eh bien, Frikkie Delport ! Dis-nous que tu n'as pas copié ces fractions sur le cahier de ton copain, espèce de petit tricheur ! » Je gardais les yeux fixés sur le cahier ouvert pour ne pas avoir à regarder Frikkie ou Miss Engelbrecht. Je sentais les regards de la classe entière sur moi et j'aurais voulu disparaître sous terre, tant j'avais honte. J'étais pétrifié à l'idée qu'elle puisse entourer mes fractions d'un cercle rouge. Ma mère aurait alors voulu savoir pourquoi ils avaient remplacé les petites croix habituelles qui signalaient un résultat faux.

Miss Engelbrecht est restée silencieuse un moment et comme Frikkie ne répondait pas, elle s'est tournée vers moi : « Marnus, regarde-moi droit dans les yeux et dis-moi si Frikkie a copié sur toi. »

Elle parlait d'une voix si douce qu'il fallait bien que je dise quelque chose, je ne pouvais pas rester là à la regarder, comme si j'avais perdu l'usage de la parole.

« Miss, Frikkie ne copierait jamais sur moi. Vraiment, Miss. » Les mots étaient sortis de ma bouche, comme si j'avais répété ce mensonge une centaine de fois à l'avance. Elle avait légèrement basculé la tête et m'avait souri de manière à me faire comprendre qu'elle ne croyait pas un mot de ce que je venais de dire.

« Bien, dans ce cas, explique-nous, s'il te plaît, comment il se fait que vous ayez commis tous les deux exactement les mêmes erreurs ? »

J'ai secoué lentement la tête. Puis, de je ne sais où, a surgi la réponse. De ma voix la plus sérieuse, j'ai dit : « Miss, Miss sait bien que Frikkie a vraiment du mal à résoudre ces fractions… » Elle a hoché la tête et tapoté ses ongles sur son bureau pour me faire savoir qu'elle s'impatientait. « Comme il a du mal, je lui explique, l'après-midi… et peut-être que nous avons fait les mêmes erreurs parce que je lui ai expliqué les choses de travers. » Je me suis penché en avant, faisant semblant d'examiner les résultats pour voir où avait pu se produire l'erreur. Elle a refermé le cahier en le claquant sous mon nez et je l'ai regardée avec un air surpris.

« Ce n'est pas ton travail de lui expliquer les fractions. C'est moi qui suis payée pour le faire, pas toi, *Mister* Erasmus. Et de plus, il me semble que ton aide n'a fait qu'aggraver les difficultés pour lui ! » J'ai baissé les yeux vers mes chaussures noires d'uniforme et j'ai murmuré « Je suis désolé, Miss ». Mais je savais que nous étions tirés d'affaire.

« Si cela devait se reproduire, ne serait-ce qu'une fois, j'avertirai vos parents. Vous m'entendez ? »

J'ai relevé la tête rapidement, mais avant même que je puisse répondre, Frikkie a dit « Ça ne se reproduira plus jamais, Miss ». J'avais envie de lui donner un coup de pied, parce qu'il venait de laisser entendre que nous avions bien copié l'un sur l'autre.

« Miss, ai-je coupé, ça veut dire que je n'ai plus le droit d'expliquer les maths à Frikkie ? C'est pourtant un bon exercice pour nous deux.

— Si vous voulez faire des maths ensemble, très bien. Mais que je ne vous prenne pas à travailler ensemble sur les devoirs que je vous ai donnés. Retournez vous asseoir à présent. » Nous avons parcouru l'allée étroite et j'étais sûr que cette histoire ne parviendrait jamais aux oreilles de ma mère.

Ce soir-là, j'ai supplié le Seigneur de me pardonner mes mensonges et d'avoir permis à Frikkie de copier sur moi. J'ai essayé d'expliquer à Dieu que j'avais menti à Miss Engelbrecht uniquement pour protéger Frikkie et que je ne l'avais laissé copier que pour l'aider un peu. Pendant quelque temps, Frikkie n'a plus copié sur moi, mais nous avons rapidement recommencé. Nous faisons maintenant quelques erreurs délibérées dans ses réponses, et je m'assure que toutes les miennes soient bonnes.

Au cours des après-midi que nous passions seuls dans la maison des Delport, nous allions de temps en temps au parc pour essayer d'attraper des écureuils. Ou bien, quand nous avions de l'argent, nous allions nous asseoir au café du parc sous le grand eucalyptus pour boire un milk-shake ou un Coca-Cola avec de la glace vanille. Un jour, nous sommes allés au Musée national pour voir toutes les expositions. Il y a même une exposition permanente de Bushmen empaillés. Ce ne sont pas de vrais Bushmen, ils sont en plastique en fait, mais ils ont l'air d'être vivants. Frikkie dit que son *oupagrootjie*, son grand-père, avait l'habitude d'engager des chasseurs pour chasser les Bushmen dans sa ferme de Cedarberg. Les chasseurs de Cape Town pouvaient venir et il fallait qu'ils paient vingt livres pour chaque Bushman abattu. Mais s'ils en abattaient plus d'un, ils devaient payer encore vingt livres. Lorsque nous avons étudié les Bushmen en classe d'histoire, Frikkie a raconté l'histoire de son *oupagrootjie*. Miss Engelbrecht a dit que ce n'était pas vrai. Ce n'était pas les Boers qui avaient tué tous les Bushmen, c'était les Xhosa. Elle a dit que les Xhosa étaient une nation horrible et que c'était eux qui volaient et terrorisaient les fermiers sur la frontière orientale, bien avant que les Zoulous du Natal aient cruellement assassiné les femmes boers et leurs enfants.

Il y a aussi au musée une collection absolument merveilleuse de vieux uniformes provenant de toutes les guerres de notre pays. On peut voir des grands mannequins en bois vêtus d'uniformes et si on se déplace lentement d'une vitrine à l'autre, et si on lit attentivement les notices, on peut apprendre toute notre histoire, simplement en connaissant les différents uniformes et les différentes guerres. J'ai écrit une rédaction pour l'école à ce sujet et Miss Engelbrecht m'a donné un neuf et demi sur dix. Elle a dit qu'elle n'avait jamais donné une note aussi élevée pour une rédaction pendant toutes ses années d'enseignement et qu'on pouvait voir à quel point je connaissais le sujet sur lequel j'avais écrit. Elle a dit qu'elle allait présenter la rédaction pour les prix de fin d'année et donc je croise les doigts parce que je sais combien mon père serait fier de moi.

Pendant que nous étions au musée, nous avons aussi regardé les dinosaures géants et le poisson empaillé. Il y a un immense marlin noir au fond d'une des vitrines. Une fois, en eaux profondes à Hangklip, Papa a attrapé un marlin noir qui a presque constitué un record pour False Bay.

Dans les vitrines plus petites, il y a aussi des photos anciennes des baleiniers de Kalk Bay. J'adore quand Jan Bandjies me raconte de vieilles histoires de pêche à la baleine et je me suis demandé si un des types qui brandissait un harpon sur une photo n'était pas un de ses ancêtres. J'ai dit à Jan qu'il devrait venir au musée un jour pour voir les photos et savoir s'il s'agit bien de sa famille. Et puis il pourrait voir aussi à quel point les harpons utilisés par les baleiniers pour tuer les baleines étaient petits. Quand j'ai demandé à Maman si nous pourrions emmener Jan, elle a dit que nous pourrions y penser, mais qu'elle n'était pas sûre que les Coloureds soient admis dans le musée. Je l'ai répété à Jan et il a dit que ce n'était pas grave, et que je m'excitais toujours trop à propos des poissons. Je lui ai dit que les baleines n'étaient pas des poissons, parce qu'elles ont des bébés vivants. Mais Jan a dit qu'elles étaient assez proches des poissons pour qu'on puisse les appeler des poissons, et depuis je les appelle des poissons.

« J'aimerais bien qu'ils attrapent une baleine et qu'ils l'empaillent » a dit Frikkie pendant que nous étions en train de regarder les harpons. Il parlait tout bas parce qu'on ne doit pas lever la voix dans un musée.

« Une baleine ne rentrerait jamais ici ! ai-je répliqué.

— Tu savais que le truc d'une baleine mesure presque deux mètres cinquante ? » a demandé Frikkie et le fait qu'il ait soudain pensé savoir des choses à propos des baleines m'a agacé.

« De quel truc tu parles ? » ai-je dit.

Il m'a regardé avant de répondre : « Son truc, mec ! » Et il a palpé l'entrejambe de son pantalon d'uniforme, là où se trouve son John Thomas. « Sa foutue bite mesure deux mètres cinquante. Tu le savais pas ? » J'ai regardé alentour pour voir si quelqu'un avait pu entendre ce qu'il venait de dire.

« Tu es dingue, mec. Deux mètres cinquante, c'est plus grand que mon père…

— Je te jure que c'est vrai. Je l'ai vu dans le *National Geographic*.

— C'est impossible ! C'est aussi long que toi et moi bout à bout. Où est-ce que tu as entendu parler d'un poisson avec un truc aussi énorme ?

— Je te jure sur la tête de Jésus que c'est vrai !

— Ne jure pas comme ça ! » ai-je dit.

Pendant un moment, il est resté silencieux, puis il a dit : « Ce n'est pas grave si ce que je dis est vrai.

— C'est grave. Le type qui fait l'école du dimanche a dit que c'était un péché même si on disait *Nom de Dieu*. »

Quand nous nous sommes retrouvés dehors sous le soleil éclatant, Frikkie parlait encore : « Hé, lorsque mon père est en colère, il lui arrive de dire *Nom de Dieu*.

— Eh bien, ton père ira en enfer un de ces jours » ai-je dit parce que je sais que c'est un des commandements les plus importants : ne jamais invoquer en vain le nom du Seigneur. C'est un de ces péchés dont le châtiment passe de génération en génération. Même si on n'invoque pas soi-même en vain le nom du Seigneur, mais qu'on a un grand-père qui l'a fait, on peut encore être puni pour ça.

« Est-ce que t'es en train de me dire que mon père va aller en enfer ? » a demandé Frikkie et il s'est arrêté, les mains sur les hanches.

« Exactement » ai-je répondu et j'ai continué à marcher le long de Victoria Road avec la Tête du Lion au loin. Il m'a rejoint à l'instant où j'ai recommencé à parler : « Et vous tous, vous allez vous y retrouver... Ta mère et toi, Lou-Marie et, je crois même, Gloria, et Chaka. Parce que la Bible le dit : toi et toute ta famille, ainsi que tes serviteurs et ton bétail, vous brûlerez dans le feu éternel. Je pense que les chiens, comme Chaka, font partie du bétail. »

Il est resté silencieux un moment. Quand nous avons tourné dans Orange Street en direction de Table Mountain, il a dit : « Ce soir, je vais annoncer à mon père que tu as dit qu'il irait en enfer. » Et il est passé devant moi.

J'ai fait comme si je m'en fichais, même si je ne savais pas très bien ce qui allait se passer s'il en parlait à son père. Je l'ai rattrapé et j'ai dit : « Si tu en parles à ton père, je dirai au mien que tu as dit foutue bite. » Comme il ne répondait pas, j'ai ajouté : « Et je lui dirai que tu as peloté Zelda Kemp.

— Espèce de menteur ! Quand est-ce que je l'ai pelotée ?

— Dans la piscine laissée par la marée. La dernière fois que nous étions là-bas. Je t'ai vu, tu lui tenais la main sous l'eau.

— Espèce de menteur ! C'est après toi qu'elle court. Tu étais tellement désolé pour elle quand elle s'est mise à hurler sans raison à ton anniversaire...

— Tu es dingue, Frikkie » ai-je dit et nous sommes rentrés à la maison sans dire un mot de plus.

Quand nous avons franchi le portail du jardin, c'est Frikkie qui a parlé le premier : « Si tu ne parles pas de la bite, je ne dirai rien de l'enfer. »

*Tout est terminé.*

*Le sud de l'Angola, où en d'autres saisons on cherche en vain un endroit au sec, est devenu une mer de poussière et de désespoir.*

*Les explosions et le tonnerre des Migs cubains, qui, sans qu'on puisse les voir, font éclater le ciel bleu au nord de l'endroit où nous sommes, se rapprochent un peu plus chaque jour. Je ne sais pas encore combien de temps nous allons pouvoir tenir. Les messages en provenance du côté sud-africain de la frontière sont déformés et se contredisent.*

*Nous avons reçu l'ordre par radio de tenir les troupes prêtes pour le combat. Il semble que nous allons tenter une percée. Au loin, nous pouvons entendre une intensification des bombardements et des mouvements d'artillerie. La voix du commandant en chef à la radio disait que nous devions nous préparer pour la Bataille d'Afrique.*

*J'ai convoqué les sergents et les chefs de section, et je leur ai donné l'ordre de préparer le peloton renforcé. Pendant que je parlais, je pouvais voir danser dans chaque paire d'yeux l'éclat simultané de l'excitation et de la peur. Après des semaines sans but à attendre le moindre signe – quoi que ce soit qui puisse mettre fin à l'apathie mortifère –, le moment est venu. De nouveau, il y a une raison de comprendre notre présence ici. Une fois de plus, il s'agit d'un choix entre vivre et mourir. Disparues, la lassitude exténuante provoquée par la chaleur, l'odeur de la poussière, l'attente d'un ordre venu d'en haut.*

À Newlands, l'équipe d'Eddie Barlow fait du bon travail et montre aux Britanniques comment le cricket est censé être joué, mais comme le monde entier déteste l'Afrique du Sud, les Springboks ont dû ajourner leur tournée contre les All Blacks.

Papa dit que Nixon aura quitté la Maison-Blanche avant Noël et il semble que les Américains vont perdre la guerre contre les communistes au Vietnam. Papa dit que c'est typique des Américains que de vouloir imposer à notre République la façon de gouverner le pays, alors même que leur président est une telle pourriture. Papa dit qu'on ne peut pas expliquer à quelqu'un comment faire son lit quand sa propre maison ressemble à une porcherie.

Ilse a presque six ans de plus que moi et elle va bientôt entrer en terminale au lycée Jan-Van-Riebeeck. À la remise des prix de fin d'année, la veille des vacances de Noël, elle va apprendre qu'elle sera présidente des élèves l'année prochaine. Cette histoire de présidente des élèves est un truc important, non seulement parce que Jan-Van-Riebeeck est la plus ancienne école afrikaans du pays, mais aussi parce que mon père a été président des élèves quand il était dans la même école.

Ma mère dit qu'Ilse est très mûre pour son âge et qu'il lui arrive même d'apprendre une chose ou deux à ses professeurs, surtout en littérature et en musique classique. Même si Ilse ne sort jamais le nez de ses livres, elle ne ressemble en rien à ces rats de bibliothèque, parce qu'elle joue au basket et fait de l'athlétisme, et aussi parce qu'elle est très jolie. Les rats de bibliothèque doivent être laids, comme les jumeaux juifs, David et Martin Spiro, qui n'habitent pas loin de chez nous. Chaque année, à l'occasion de l'*Eisteddfod*, Ilse repart avec tous les premiers prix de chant et de piano. L'année dernière, elle a même obtenu une bourse d'une fondation hollandaise pour aller étudier le chant en Hollande pendant six semaines. Depuis qu'elle est allée à l'étranger, elle se prend pour une adulte et elle m'agace avec toutes les bêtises qu'elle raconte. Comme elle est bonne dans tout ce qu'elle entreprend, elle a vraiment la grosse tête et elle me traite toujours comme si j'étais encore une demi-portion. Lorsqu'elle m'ignore ou qu'elle me rabaisse, j'aimerais pouvoir être plus âgé, uniquement pour la considérer avec le même mépris. Mais si j'étais plus âgé, je voudrais que Frikkie le soit aussi.

Je suis encore à l'école primaire et après les vacances de décembre, j'entrerai en classe de sixième. Mon père dit qu'il va falloir que je mette la gomme si je veux suivre l'exemple d'Ilse. Mais il dit qu'il ne se fait pas trop de souci pour moi, parce que je me débrouille bien dans toutes les disciplines et parce que je suis aussi vice-capitaine de mon équipe de rugby chaque année depuis le cours préparatoire.

Juste avant mon anniversaire, mon père est devenu le plus jeune major-général de toute l'histoire de l'armée sud-africaine. Après l'annonce de sa promotion, ma mère a coupé ses longs cheveux blonds à hauteur d'épaule. Avant ça, ils étaient bouclés et elle les portait en une sorte de chignon sur le sommet de la tête.

« Les cheveux courts, c'est un cadeau que je me suis fait. À peine ils avaient fini ma coiffure qu'ils ont balayé les cheveux coupés par la porte du salon de coiffure » a dit ma mère, le soir du dîner de promotion de mon père. Elle était debout devant le miroir, en train de passer ses grandes boucles d'oreilles en or dans les trous de ses oreilles. Elle a balancé ses cheveux blonds sur le côté et enfoncé les pointes minuscules des boucles d'oreilles, à gauche d'abord, à droite ensuite. Elle portait la robe du soir violette qu'elle avait fait faire spécialement pour cette occasion par Elsbieta Rosenworth. C'était véritablement la première robe de soirée de ma mère depuis que Papa et elle s'étaient mariés.

En raison de la position importante de mon père, ma mère et lui doivent se rendre à des quantités de dîners et à toutes sortes de cérémonies officielles. Parfois, nous allons nous asseoir sur leur grand lit double et nous les regardons s'habiller pour sortir. Comme le dîner de promotion était une grande affaire et comme ma mère portait aussi sa nouvelle robe ce soir-là, Ilse et moi nous sommes allés dans leur chambre les regarder se préparer. Pendant qu'Ilse regardait Maman se maquiller, je suis allé dans la salle de bains où Papa se rasait.

Papa se servait du vieux blaireau d'Oupa pour étaler la mousse en petits cercles sur son menton. Le manche du blaireau de Papa est incrusté d'ivoire, provenant des défenses d'un éléphant que Oupa a tiré près du Ruvu au Tanganyika.

Les défenses ont été installées de chaque côté de la cheminée dans notre salon. Papa avait plaqué ses cheveux en arrière avec une sorte d'eau de toilette. Même si mes cheveux sont encore blonds, je sais qu'ils vont devenir bruns comme les siens, quand je serai plus grand, parce que sur les photos et les diapositives d'Oncle Samuel prises au Tanganyika, où mon père est encore un petit garçon, on peut voir qu'il avait les cheveux blonds.

J'ai observé Papa dans le miroir et j'aurais aimé être assez âgé pour pouvoir me raser. La mousse à raser a toujours cette odeur forte et fraîche. Comme Papa mesure un mètre quatre-vingts et quelques, il doit se pencher pour se voir dans le miroir. Le rasoir a passé la bosse de son menton et glissé jusqu'au bord du col de sa chemise blanche. J'ai regardé attentivement et chaque fois que le rasoir est descendu, je me suis demandé si une goutte brillante de sang rouge allait apparaître sur la partie de la peau débarrassée du savon. Le menton de mon père est presque carré et Maman dit qu'il suffit de le regarder pour savoir qu'un homme avec un menton pareil devrait être en uniforme.

« Tu n'as pas peur de te couper, Papa ? » ai-je demandé et il a baissé les yeux vers moi, avant de les écarquiller comme s'il avait vraiment peur de se couper.

« Non, mon garçon. Le jour où tu devras commencer à te raser, je te montrerai comment faire. Quand tu t'es fait saigner une ou deux fois, tu piges rapidement le coup.

— Est-ce que Oupa t'a appris à te raser ? ai-je demandé pendant que Papa essuyait ce qui restait de mousse à raser sur son visage.

— Oh oui, dans cette même salle de bains. Mais, bien entendu, la douche n'avait pas été encore installée à l'époque. » Et il a hoché la tête en direction de la cabine où nous prenons notre douche ensemble d'habitude.

« Sans ces boucles, tu fais tellement plus jeune, Maman », a dit Ilse. Nous étions assis tous les deux sur le lit en train de regarder Maman appliquer du parfum derrière ses oreilles.

« Merci, ma fille. » Elle a souri dans le miroir. Maman était tellement jolie dans sa robe violette que je ne pouvais m'empêcher de la fixer avec insistance. Non pas que ma mère ne soit pas toujours jolie. Mais ce soir-là elle avait l'air encore plus belle que la mère de Frikkie Delport qui était arrivée seconde au concours de Miss Afrique du Sud. Tout le monde à Jan-Van-Riebeeck pense que la mère de Frikkie est la plus jolie femme du Cap, mais ce soir-là je savais qu'ils auraient pensé autrement s'ils avaient pu voir Maman. En tout cas, les cheveux de ma mère sont naturellement blonds, pas comme ceux de la mère de Frikkie dont on voit les racines noires sous le postiche bouclé. J'ai entendu dire qu'ils font ces trucs avec du crin de cheval ou avec les cheveux des cadavres. Mais je ne l'ai jamais dit à Frikkie, parce qu'on nous a appris que si on n'avait pas quelque chose de gentil à dire, il valait mieux ne rien dire du tout.

Maman s'est penchée en avant pour mettre son rouge à lèvres. La robe violette s'est décollée légèrement et j'ai pu voir la vallée sombre qui s'enfonce entre ses seins. Ils avaient l'air gros, blancs et doux. J'ai jeté un rapide coup d'œil du côté d'Ilse pour voir si elle avait aperçu ce que j'avais aperçu.

« Maman, tu ressembles à Miss Afrique du Sud ce soir » ai-je dit et elle s'est détournée du miroir pour me sourire.

« Merci, mon petit négrillon. C'est un grand compliment ! » Et Maman et Ilse se sont mises à rire, peut-être parce qu'elles pensaient que ce n'était pas un compliment. Maman dit que c'est un certain genre de femmes qui font le concours de Miss Afrique du Sud. Bien sûr, Mrs. Delport est une exception et Penny Coelen aussi. Penny Coelen est une des seules qui soient bien, et la seule qui soit devenue Miss Monde. Ces reines de beauté se marient généralement avec de riches Casanova. J'ai entendu Maman dire que Mitzi Stander, qui a été elle aussi Miss Afrique du Sud, était morte dans un accident de voiture, l'autre jour. Elle était à peine enterrée que *Die Burger* publiait un article sur son mari déjà dans les bras de la nouvelle Miss État libre d'Orange. Maman a dit que nous ne pouvions que prier dans l'espoir que les comptes de Mitzi avec le Seigneur aient été apurés avant sa mort.

Papa est entré dans la chambre, habillé en pingouin.

« Et de quoi j'ai l'air ? » a-t-il demandé en traversant le tapis pour que nous puissions le voir sous tous les angles. Sa moustache brune était bien taillée et sa bouche plus visible que d'habitude.

« Papa, tu ressembles à Sean Connery, a dit Ilse.

— *Ja*, ai-je renchéri, si fier que mon père devienne un général, Papa est aussi joli que Maman.

— Beau est probablement un meilleur qualificatif » a-t-il dit en souriant, avant de venir taper légèrement mon menton du poing. Je pouvais sentir l'after-shave Old Spice qu'il utilise pour les grandes occasions.

« Beau, ai-je dit. J'aimerais bien pouvoir venir avec toi et Maman ».

« Un peu de patience, mon petit taureau » a répondu mon père un peu plus tard, au moment où nous nous disions au revoir devant la porte d'entrée. « Le moment viendra. Ce soir, je veux que tu prennes bien soin de ta petite sœur. » Il a fait un clin d'œil à Ilse qui a reniflé et fait rouler ses yeux. Elle le fait toujours quand quelqu'un lui parle et si elle n'était pas une fille, je l'aurais déjà giflée.

« Ma fille, a dit ma mère en fronçant les sourcils, ferme bien les portes, s'il te plaît. Tu sais quel souci je me fais quand vous êtes seuls à la maison. »

« Amusez-vous bien et ne vous inquiétez pas pour nous ! La nuit est à vous ! » a dit Ilse au moment où ils montaient dans la Volvo blanche de Papa. Nous sommes restés sur la vaste véranda à agiter les mains jusqu'à ce que la voiture arrive en bas de St. James Street, devant la gare, et disparaisse dans Main Road. De l'autre côté de Smitswinkel Bay, en provenance de Cape Point, la brume plongeait le long de la montagne. Main Road était vide et on n'entendait rien à l'exception des vagues qui déferlaient de l'autre côté de la voie ferrée.

C'était le début du printemps. Bientôt, les chênes derrière la maison allaient reverdir et, le long de l'allée, les gardénias d'Ouma commenceraient à pondre leurs bébés à têtes blanches. C'était comme ça que Chrisjan appelait autrefois les fleurs blanches des gardénias : *wit-katjiekrulkopkinders*.

*On s'habitue à la poussière. Quand j'ai ouvert ma dernière ration ce matin-là, il n'a fallu que quelques secondes pour que tout soit recouvert de poussière. Il est inutile d'essayer de s'en débarrasser. La radio est posée par terre à côté de moi. Lorsque je tourne les boutons de fréquence, on entend les grains de sable grincer contre le métal.*

*Nous attendons l'ordre d'avancer. Et de la nourriture. Avec la nourriture, il y aura peut-être du courrier. Je passe la main sur la poche latérale de mon pantalon de treillis où se trouve la dernière lettre de Maman.*

Alors qu'Ilse passait ses examens, mon père nous a parlé de la visite qu'il attend. Comme Papa connaît beaucoup de gens importants en

Amérique et en Angleterre, il n'est pas rare que nous ayons des invités de marque. Papa a dit que cet invité venait aussi d'Amérique. Mais pas de la vraie Amérique. Il venait d'Amérique du Sud. Papa l'a rencontré l'année dernière quand il est allé à New York. Ils se sont connus là-bas. Papa a dit que cette visite devait rester un secret, comme d'autres fois déjà, et que nous devions l'appeler Mr. Smith tout simplement. Si nos amis nous demandaient qui était notre invité, nous devions répondre que c'était Mr. Smith de New York, en voyage d'affaires. Tout bien considéré, il ne devrait pas rester chez nous, a dit Papa. Mais comme Papa et lui sont devenus amis à l'étranger, il est normal que nous lui manifestions notre hospitalité.

« Vous savez maintenant que personne n'est censé savoir qui il est vraiment. Je suppose que c'est parfaitement compréhensible pour vous » a dit Papa pendant le dîner, ce soir-là, en parlant comme il le fait quand il veut s'assurer qu'Ilse et moi n'aurons pas même l'idée d'en parler à quiconque. Papa dit toujours *duidelik verstaanbaar,* qui signifie « parfaitement compréhensible », quand il entend ne pas avoir à se répéter.

« Quand doit-il arriver, Johan ? a demandé Maman. Il faut que je prépare la chambre d'amis et que j'organise les repas. En tout cas, je veux que Doreen soit un peu plus prête que lorsque les Français sont venus en juillet.

— Il viendra la première semaine de décembre » a répondu Papa, et Ilse a levé les yeux de son assiette et émis un grognement. « J'espère que tu te souviens de ma distribution des prix à l'école au début du mois de décembre, Papa.

— Je ne raterais ça pour rien au monde, ma chérie » a dit Papa et il l'a assurée qu'il serait là lorsqu'elle deviendrait présidente des élèves.

Ma mère a dit que le jardin n'avait pas fière allure, parce que le boy coloured qui a remplacé Chrisjan ne sait pas faire la différence entre une pelle et une pioche. Ma mère allait devoir demander à Doreen de chercher quelqu'un d'autre, parce que le jardin était devenu une véritable jungle depuis le départ de Chrisjan. Chaque fois que ma mère parle de Chrisjan, on peut voir qu'elle est encore en colère contre lui. Chrisjan s'occupait du jardin depuis l'époque d'Oupa. Mais, il y a un certain temps déjà, il n'est plus venu travailler et il n'est jamais revenu. Quelques jours après sa disparition, alors que je cherchais une canne à pêche dans le garage, j'ai découvert que le matériel de pêche s'était volatilisé. J'ai cherché partout, même sous la voile du bateau et, si je n'avais pas su, j'aurais pu croire qu'il avait poussé des pieds à la canne et qu'elle était partie. Je suis revenu dans la maison pour demander à ma mère, qui était au piano, si elle l'avait vue. Mais même Doreen, qui sait toujours où se trouvent les choses, a été incapable de la retrouver. Comme Chrisjan aimait pêcher, ma mère a compris immédiatement qu'il avait dû nous la voler.

Ma mère dit que les Coloureds sont comme ça. On ne peut jamais leur faire confiance. Après toutes ces années pendant lesquelles vous leur avez donné un travail et un salaire décent, ils se retournent et vous poignardent dans le dos. Comme les Mau Mau en Afrique de l'Est. « C'est comme ça que la vipère vous suce le sein sans même que vous vous en aperceviez. »

S'il n'y avait pas eu l'invité, nous serions partis pour notre maison de vacances à Sedgefield, le jour même de la fin de l'école. À cause de l'invité, nous allons devoir rester quelques jours de plus. De toute façon, en raison de son travail, mon père reste toujours une semaine de plus avant de nous rejoindre à la campagne, et je voulais donc demander si Doreen et lui ne pouvaient pas s'occuper de Mr. Smith et si nous ne pouvions pas partir plus tôt. De plus, Doreen ne vient pas à Sedgefield parce que ma mère pense que Doreen a droit à des vacances elle aussi. La plupart des amies de ma mère emmènent leurs bonnes avec elles pour faire la vaisselle et les lits. Gloria part chaque année en même temps que Frikkie et sa famille quand ils vont à Plettenberg Bay. Frikkie dit que Gloria était tellement bourrée le jour du Nouvel An que sa mère a failli la virer.

Le jour où ma mère a dit à Doreen de préparer la chambre d'amis, pour la première fois j'ai repensé à l'invité. La chambre d'amis est juste au-dessous de la mienne. Au départ, c'était une grande chambre, jusqu'à ce que mon père en fasse deux. Il avait pu le faire parce que la chambre, à l'origine, était très haute de plafond. Il avait divisé la pièce en deux étages lorsque Ouma était morte, parce que ma mère voulait une chambre d'amis. Ils ne voulaient pas abîmer le magnifique jardin d'Ouma en en étendant la superficie de la maison, et donc ils avaient transformé la pièce très haute de plafond en deux chambres.

Tout en haut du mur de séparation, ils avaient taillé une porte supplémentaire à laquelle on accédait par un nouvel escalier en bois jaune, bordé d'une rampe en bois noir, et ils avaient découpé dans la pente du toit l'encadrement pour une fenêtre carrée. L'endroit où je dormais autrefois, la chambre du bas à présent, avec ses carreaux blancs aux motifs merveilleux sur le haut plafond, était devenu une chambre à plafond bas, en pin noueux. Je voulais à tout prix être dans la nouvelle chambre avec la fenêtre dans le toit et lorsque ma mère s'est lassée de mes jérémiades, elle a cédé et m'a laissé déménager à l'étage. Depuis, Ilse et moi nous partageons la salle de bains du couloir, à côté de l'escalier, et Papa et Maman ont la leur.

Notre maison se trouve en haut de St. James Street. Par beau temps, on peut voir la totalité de False Bay depuis la véranda. On peut voir les montagnes de Cape Point, là où Hangklip est suspendu au-dessus de la mer au sud. Depuis ma chambre à l'étage, la vue est encore meilleure.

Oupa Erasmus a construit lui-même la maison quand ils sont venus dans l'Union. C'était après qu'ils ont quitté le Tanganyika, une fois que la guerre a commencé et que Oupa a vendu toutes ses propriétés de l'Afrique de l'Est. Papa dit que Oupa était un homme sage qui avait prédit bien à l'avance dans quel chaos se retrouverait l'Afrique de l'Est allemande quand les Noirs auraient pris le pouvoir. Donc, lorsque la guerre était arrivée, ils avaient quitté Dar es-Salaam avec armes et bagages pour le Kenya, et ils avaient pris le bateau de Mombasa au Cap. Avant de partir, ils avaient vendu toutes leurs terres et l'hôtel dont ils étaient propriétaires. Le consulat britannique avait acheté la maison de Dar es-Salaam.

Au moins Oupa avait eu la chance de pouvoir vendre ses biens. Les autres, pour la plupart, comme Oncle Samuel et la famille de Sanna Koerant, avaient été moins bien lotis. Ils n'avaient rien pu emporter, sinon leur propre vie. Au moment où ils étaient partis, les Noirs s'étaient non seulement emparés de tout, mais ils avaient même rebaptisé le pays sous le nom de Tanzanie. Depuis, le pays n'avait cessé de décliner.

Oupa avait gagné beaucoup d'argent en vendant ses propriétés, et aussi grâce à l'or que Ouma et lui avaient prospecté dans les mines d'or du Loupa au Tanganyika. Oupa avait même découvert des rubis. Donc, à l'époque où ils ont quitté le Tanganyika, quand mon père avait l'âge que j'ai à présent, ils n'avaient plus à lutter comme à l'époque où ils s'étaient mariés. Ouma n'avait pas pu avoir d'enfants après la naissance de mon père. Il était donc leur fils unique lorsqu'ils sont arrivés au Cap sur le Victoria Ship. Oupa avait décidé d'acheter un bout de terrain dans St. James. Au départ, ils l'avaient acheté parce que Oupa voulait voir les navires de guerre entrer dans Simonstown. L'autre raison, c'était que la longue plage de Muizenberg rappelait à Ouma le sable blanc de Mombasa et de Dar es-Salaam. Dar es-Salaam signifie « Ville de la Paix », et Ouma disait que cet endroit, enfin, allait être leur lieu de paix.

Avec l'aide des Coloureds de Kalk Bay, Oupa et Papa avaient construit la grande maison tout en haut de St. James Street. La construction avait duré six mois et Papa avait été autorisé à rester à la maison et à ne pas aller à l'école pour aider Oupa, jusqu'à la dernière couche de peinture. Quand tout avait été terminé, ils avaient emménagé et notre journal, *Die Burger*, avait publié la photo de la maison patricienne des Afrikaners de l'Afrique de l'Est allemande. La photo découpée et encadrée, avec Oupa, Ouma et Papa sur la véranda, est accrochée dans le bureau de mon père. L'article qui accompagne la photo précise que mon père, en dépit du fait qu'il n'a que onze ans, parle l'anglais et le swahili presque aussi bien que l'afrikaans.

Lorsque mon père avait commencé à aller à l'école à Van Riebeeck, Oupa s'était porté volontaire pour rejoindre la Marine à Simonstown. Ils pensaient que la guerre en Europe allait faire venir des quantités de navires au Cap et Oupa voulait soutenir l'effort de guerre par tous les moyens. C'était à ce moment-là que Doreen avait commencé à travailler dans la maison pour Ouma. Au départ, Ouma avait demandé à Oupa si elle pouvait faire venir ses deux Wachagga de Dar es-Salaam, parce qu'elle n'avait pas l'habitude d'avoir des femmes pour la servir à la maison. Elle voulait des hommes, comme ceux qu'elle avait eus au Tanganyika. Elle avait eu deux Wachagga pour s'occuper de la maison et trois autres pour entretenir le jardin. Mais elle avait fini par accepter Doreen, parce que les Coloureds du Cap riaient à la simple suggestion que des hommes puissent faire le ménage. Lorsque Ouma avait commencé l'aménagement du jardin, elle avait pris Chrisjan pour l'aider à faire les pelouses et à planter.

À l'époque où Doreen avait commencé à travailler, elle vivait encore à Newlands et prenait le train tous les matins pour venir à la maison. Mais après la mort d'Oupa, quand nous avions emménagé avec Ouma, elle vivait déjà à Grassy Park, là où le gouvernement avait fait construire de jolies maisons pour tous les Coloureds. Le matin, elle prend un taxi jusqu'à Retreat, disons, et de là elle prend le train jusqu'à la gare de St. James, en bas de la colline.

Quand j'avais quatre ans, le bateau de pêche d'Oupa Erasmus a chaviré pendant une tempête dans False Bay et Oupa s'est noyé. Son corps n'a jamais été retrouvé. J'étais trop petit pour m'en souvenir, mais Ilse dit que ça a été le moment le plus terrible pour Papa. De loin. Et aussi pour le jeune frère d'Oupa, Oncle Samuel.

Papa et Oncle Samuel avaient parcouru la côte pendant des jours et des jours, à la recherche du corps. Deux jours après la tempête, des pêcheurs avaient retrouvé l'épave du bateau d'Oupa, échouée près de Smitswinkel Bay. Mais il n'y avait pas la moindre trace d'Oupa ou de son équipage. Tout ce qu'ils avaient trouvé sur la plage de Muizenberg, c'était un morceau de tissu qui avait été arraché, pensait mon père, à la veste de pêche d'Oupa.

Ils l'avaient coulé dans du ciment et intégré à un petit monument qu'ils avaient construit sur les rochers à Smitswinkel Bay. Puisque certaines personnes pensaient que Oupa était toujours vivant, il n'y avait pas vraiment eu de funérailles. Seuls sa famille et Oncle Samuel étaient présents, ainsi que Sanna Koerant et les Van der Merwe qui venaient d'arriver de Tanzanie pour s'installer dans le Transvaal. Il s'était à peine écoulé un an depuis que Oupa était allé chercher Oncle Samuel en Rhodésie, après que ce dernier a fui la Tanzanie. Juste avant la noyade d'Oupa, Oncle Samuel avait espéré que Oupa serait présent pour la première récolte de pommes dans sa nouvelle ferme de Grabouw.

Nous avons emménagé ici pour vivre avec Ouma, juste après la mort d'Oupa. À l'époque, Ilse et moi partagions la même chambre.

Ouma se plaignait constamment de douleurs de dos. Elle pensait que ça avait à voir avec l'accouchement difficile de Papa, parce que c'était juste après sa naissance que les problèmes de dos avaient commencé. Alors que Ouma se plaignait une fois de plus de douleurs, ma mère avait suggéré de faire des radios. Ma mère avait dit qu'elle était sûre qu'ils pourraient la soigner, avec Chris Barnard qui transplantait des cœurs juste à côté et tous les médicaments qui étaient disponibles de nos jours. Si Neil Armstrong pouvait marcher sur la Lune, pourquoi diable ne pourraient-ils pas faire quelque chose pour une simple douleur de dos ?

Maman et Ouma étaient donc allées chez un spécialiste à Constantia, là où habitaient tous les snobs. Ils avaient fait une radio du dos d'Ouma. Maman nous a raconté plus tard dans quel état de choc elle avait trouvé le docteur lorsqu'il l'avait appelée pour lui montrer les radios dans une pièce attenante. Au milieu de l'image, on pouvait voir la cause des souffrances d'Ouma : dans son estomac, juste au-dessous des côtes, se trouvait une petite paire de ciseaux.

Comme mon père était gros au moment de l'accouchement, il n'avait pas pu naître comme les autres bébés et il avait fallu ouvrir le ventre d'Ouma. Après ça, elle n'avait pas pu avoir d'enfants, même si Oupa et elle auraient bien voulu en avoir d'autres. Mais nous ne l'avons su que bien plus tard, quand l'histoire des ciseaux a refait surface. Le docteur qui avait sorti Papa d'Ouma avait oublié des ciseaux dans son ventre et Ouma avait vécu pendant toutes ces années avec ces ciseaux en acier inoxydable dans le ventre. Le spécialiste avait dit que c'était immanquablement à cause des ciseaux que Ouma n'avait pas pu avoir d'autres enfants après Papa.

Mon père avait été furieux en apprenant cette histoire. Mais que pouvait-il faire ? Il n'était même pas autorisé à retourner en Tanzanie, où il était né. Papa avait dit qu'il était prêt à remuer ciel et terre pour que justice soit faite, mais qui allait-il poursuivre en justice ? Même s'il avait pu y retourner, le régime noir avait mis le pays dans un tel chaos que les tribunaux de Tanzanie n'auraient même pas su que recoudre le ventre d'une femme avec une paire de ciseaux à l'intérieur était une faute professionnelle.

Quand Ouma était entrée à l'hôpital pour se faire retirer les ciseaux, nous étions tous allés à Groote Schuur pour la voir avant l'opération. Tôt, le lendemain matin, l'hôpital avait appelé pour annoncer que Ouma n'avait pas supporté l'anesthésie. Le docteur avait dit que c'était comme si Ouma n'avait plus voulu vivre, parce qu'elle n'était ni vraiment malade ni vraiment âgée. Maman avait dit que c'était parce que Ouma ne voulait pas vivre sans Oupa. Que reste-t-il pour une femme de l'âge d'Ouma, une fois que son mari est mort ? Maman avait dit qu'elle comprenait parfaitement et que c'était peut-être mieux ainsi.

C'était la première fois que je voyais mon père pleurer.

Aux funérailles d'Ouma, Sanna Koerant avait dit que les hommes pleuraient toujours quand leurs mères mouraient, mais que seuls les hommes savaient pourquoi. De toute façon, leurs mères ne sont plus là pour voir leurs larmes. « Trop tôt pour le réconfort, trop tard pour les larmes », avait dit Sanna Koerant, et Tante Tienie lui avait jeté un regard furieux en dépit de ses propres larmes et elle avait secoué la tête pour que Sanna se taise.

Tous les gens d'Afrique de l'Est étaient venus à St. James pour les funérailles : les Oberholzer et les Jackson, et bien sûr Sanna Koerant, dont le mari était mort quand la Tanzanie était encore le Tanganyika, et les Van der Merwe et les Prinsloo, venus du Transvaal. Et il y avait aussi Hennie Labuchagne et sa grosse femme, et les Roelof venus de Somerset West avec leurs enfants qui faisaient penser à des Philistins, et Oncle Samuel et Tannie Betta, et les Davenport qui étaient arrivés avec les Colman dans leur break Cortina si élégant. Certains étaient même venus de Salisbury et du South West, et d'autres descendus de Tsaneen dans le Transvaal oriental. Comme toujours lorsque des Africains de l'Est se retrouvent, ils avaient parlé un peu le swahili et chacun d'eux avait dit « *habari* » ceci et « *mosouri* » cela. Les femmes en robes et chapeaux noirs, et tous les hommes en costumes noirs.

La plus jeune sœur de ma mère, Tannie Karla, était là elle aussi. Pendant tout le service, elle nous avait tenu la main à Ilse et à moi.

Après ça, ils étaient tous venus chez nous, pour du thé et du café, et des petits gâteaux dans le jardin. Doreen et Chrisjan avaient fait le service, et les deux filles de Doreen étaient venues l'aider dans la cuisine. Tante Ina Van der Merwe s'était plainte du gel dans le Transvaal et avait complimenté Chrisjan sur ses ravissantes roses de Noël et l'état impeccable de la pelouse. Elle avait dit que le jardin de Chrisjan lui rappelait le sien à Oljorro. Pendant qu'elle parlait, Chrisjan lui adressait son sourire édenté.

C'étaient des funérailles importantes parce que Oupa et Ouma avaient été des membres influents et respectés de la communauté de l'Afrique de l'Est. On aurait dit que c'était aussi les funérailles d'Oupa puisqu'il s'était noyé et qu'en dépit des recherches qui s'étaient poursuivies, mon père n'avait jamais fait de cérémonie officielle pour lui.

En contemplant les invités dans le jardin, Sanna Koerant trouvait, comme d'habitude, quelque chose à dire à propos de chacun d'entre eux. Lorsqu'elle avait dit quelque chose du genre : « À présent, ils sont tous plus au sud du Kilimandjaro qu'il est possible de l'être », j'avais vu le petit muscle de la mâchoire de mon père tressauter, comme ça lui arrive quand il est en colère.

En lisant le testament d'Ouma, nous avons appris qu'Ilse et moi avions hérité d'une certaine somme d'argent, qui a été placée sur un compte bloqué qui serait à notre disposition quand nous irions à l'université. J'avais aussi hérité de la vieille malle en bois de camphre d'Ouma et lorsque j'ai déménagé dans la nouvelle chambre, Chrisjan l'a montée pour moi. J'avais aussi obtenu l'armoire à vêtements d'Oupa et d'Ouma, avec le long miroir sur la porte en chêne. Au mur au-dessus de mon lit, nous avons accroché la tête du koudou que Oupa avait tué dans le Serengeti. Ses longues cornes incurvées touchaient presque le plafond. Ouma disait toujours que Oupa voulait que ce soit moi qui hérite de ce trophée, parce que je n'avais jamais eu la chance d'aller chasser avec lui dans le Serengeti.

Avec toutes ces choses dans ma chambre, et parce qu'elles m'appartiennent, c'est ma pièce préférée de toute la maison. Lorsque la fenêtre dans le toit est ouverte, je peux m'endormir la nuit au son des vagues, avec l'odeur de l'eau salée et du bambou marin, provenant de l'autre côté de la voie ferrée. L'après-midi, quand je suis assis à mon bureau devant la fenêtre, je peux voir toute la baie. Et j'ai de la chance parce que les craquements de l'escalier me préviennent toujours de l'arrivée de ma mère, même quand elle arrive à pas de loup pour contrôler que je fais bien mes devoirs.

Parfois, les baleines entrent dans la baie. Au printemps et en été, je peux rester assis pendant des heures à les observer. Je les ai vues surgir hors de l'eau et retomber brutalement, en faisant un bruit de tonnerre dans un nuage d'écume. Ilse dit qu'elles font ça à la saison des amours. Mais il n'y a pas autant de baleines mâles aujourd'hui qu'il y en avait quelques années auparavant, dit Jan Bandjies. Une année, nous n'en avions pas vu une seule et Jan avait dit alors que c'était parce que la baie n'appartenait plus à la nature. Il dit que les usines se sont emparées de la baie.

Mais j'adore ma chambre, même quand il n'y a pas de baleines. Ma mère dit que nous devrions consolider le plancher qui n'est pas aussi solide qu'il devrait l'être, surtout maintenant que j'ai grandi et qu'un lit supplémentaire a été monté pour Frikkie quand il passe le week-end ici. Un jour, quand deux nœuds se sont détachés des planches en pin, ma mère a dit à mon père qu'il faudrait les renforcer avant que l'une d'entre elles casse et que Frikkie ou moi, on se brise le cou. Ce serait bien gênant qu'un de nos professeurs tombe à travers le plancher dans la chambre d'amis pendant que ma mère leur fait visiter la maison.

*Maintenant que nous sommes enfin prêts, nous recevons l'ordre d'attendre.*

*Après l'empressement initial qui a permis de tout mettre en ordre de bataille, je dois transmettre aux chefs de section et aux sergents de peloton un ordre simple : Attendez.*

*Alors qu'ils reprennent des positions confortables – dos appuyés contre les arbres –, la conversation revient invariablement vers Quito Caunavale, cette bataille qui a eu lieu il y a près de trois mois. Depuis, tout le monde a perdu un peu de son assurance. Lentement, les années passant, j'ai commencé à remarquer des changements d'attitudes – avant même Quito. Pour un nombre croissant de types bien, l'option d'un engagement permanent dans l'armée ne paraît plus viable ; pour un nombre plus important encore il n'y a plus qu'une alternative : quitter le pays. Même les types de dix-huit ans, ceux qui arrivent directement après avoir fini le lycée, deviennent cyniques. Je l'ai remarqué partout – pas seulement ici, dans le bush –, même lorsque je suis retourné à l'école d'infanterie, l'année dernière, pour entraîner la crème de la crème : ceux qui avaient été sélectionnés pour devenir officiers. En dépit de leur volonté d'obtenir des galons, les signes du temps étaient présents.*

*Leur transformation n'était pas immédiatement perceptible : en apparence, ces garçons n'étaient pas si différents du garçon que j'étais quand je suis arrivé ici la première fois. Pourtant, il leur manquait quelque chose, quelque chose de la passion et de la gravité que nous manifestions en rejoignant, quelques années auparavant, les forces de défense. À l'époque, même les plus négatifs parmi nous acceptaient les deux ans de conscription comme une réalité inéluctable dont il fallait néanmoins faire le meilleur. Aujourd'hui, c'est devenu l'attitude des plus positifs. Une ombre d'ironie lasse envahit déjà ces visages jeunes, bien avant que la guerre n'ait fait son sale boulot ; une ombre qu'on remarque uniquement quand on sait ce qu'on cherche.*

*Au cours d'une patrouille récente, juste au nord du Kunene, nous sommes passés à travers les ruines d'un village appelé Chitado sur la carte des Opérations. Il n'y avait rien d'exceptionnel à Chitado – c'est juste un village famélique parmi des milliers d'autres éparpillés au sud de l'Angola. Il y a des années, ça aurait pu être un endroit pittoresque – une version miniature de Grabouw ou Bonnievale, ou encore Ladysmith. Mais à présent, au bout de treize années de guerre, il ne restait pas grand-chose qui puisse témoigner d'une période passée de vie et de beauté. Dans les ruines de la petite église catholique, où des femmes portugaises aux cheveux brillants murmuraient autrefois leurs confessions, de l'herbe à éléphant brune poussait à travers les pierres comme des touffes de poils sous les aisselles, et le soleil projetait de longues ombres sur ce qui avait été un sol parfaitement dallé. Des trous, creusés par les explosions de grenades et de mortier sur la place centrale, surgissaient des buissons épineux qui montaient jusqu'à la taille. Tracées sur les murs gris sans toit de ce qui avait été des maisons, s'étalaient les preuves du passage d'innombrables patrouilles militaires au cours des années : « Nous avançons sur Luanda »* et « My nooi is in 'n Nartjie », *et audessous, en grosses lettres noires, « La mienne est à Krugerdorp ».*

*Le spectacle de Chitado se répète tout autour de nous – partout les habitants déguenillés fuient la guerre avec le maigre ballot de leurs possessions. Des milliers de déracinés se déplacent dans toutes les directions, des bébés attachés sur le dos de leurs mères squelettiques, des Noirs torse nu qui marchent en tête tâtant la route à coups de bâton pour repérer les mines qui attendent d'estropier les passants imprudents dans un nuage de pierres et de métal, et des Noires à qui il manque une jambe boitent sur des prothèses en bois bricolées, les bras calés dans la fourche de branches qui leur servent de béquilles.*

*Nous voyons tout ça.*

Je suis assis à mon bureau en train d'ajuster avec un tournevis le connecteur de la Porsche rouge miniature quand la Volvo de mon père passe le portail d'entrée. Il y a quelqu'un avec lui dans la voiture. Je me lève et je vais coller mon visage contre la vitre pour voir qui c'est. Papa se gare dans l'allée juste en dessous de ma fenêtre. Ils restent dans la voiture. Puis, les deux portières avant de la Volvo s'ouvrent en même temps.

Mon père ne porte pas son uniforme aujourd'hui. L'autre homme est un peu plus grand, il doit mesurer plus d'un mètre quatre-vingts. Il a les cheveux noirs coupés très court et lui aussi a une moustache. Il a l'air plus jeune que mon père, mais ils ont à peu près la même corpulence. Ils se dirigent vers le coffre et on dirait que mon père pointe du doigt quelque chose en direction de Simonstown. Mon père sort le bagage du coffre et les yeux de l'invité parcourent toute la maison, passent sur les grandes baies vitrées, les panneaux et les volets de chêne, les hauts murs blancs.

Papa marche vers la porte d'entrée et le type le suit. Alors qu'il est pratiquement sous ma fenêtre, il me remarque en train de le regarder. Avant que je ne puisse reculer, il me sourit. Son visage est très brun, presque comme un Malaisien, et ses dents sont très blanches. Il continue à sourire et puis il lève une main qu'il agite dans une sorte de salut dans ma direction. Je lève la mienne et j'essaie de sourire tout en me mordant la lèvre inférieure. Je suis gêné de m'être fait prendre en train d'espionner à ma fenêtre. Maman dit toujours qu'il n'y a que les *Makoppelanders* qui espionnent derrière les fenêtres. Puis il rejoint mon père devant la porte d'entrée.

*Peut-être que cet été-là a tout déterminé en dernier ressort. Peut-être même pas tout l'été ; seulement cette semaine de décembre. Cependant, aujourd'hui, je sais parfaitement qu'on ne peut véritablement comprendre un événement sans avoir une image de tout ce qui l'a accompagné : l'arrivée de l'invité ne peut être séparée de ce qui a précédé sa venue. Pour comprendre mon propre choix, j'ai besoin de rassembler le plus de détails possible.*

*Ça ressemble à une salle des Opérations ou une tente des Opérations : le commandant discute de tout, pas seulement de l'artillerie lourde. Il exige des statistiques précises sur l'infanterie, sur toutes les troupes, sur le moral des différents pelotons et compagnies, sur la situation des victuailles et sur le degré de préparation de l'armement. Il est essentiel d'avoir un rapport en situation des plus petits détails du terrain de la bataille, de la capacité anti-aérienne, jusqu'aux conditions météorologiques attendues. Il a besoin de rapports sur la nature de l'ennemi, les forces et les faiblesses de leur armement, leur façon de penser, le type d'entraînement qu'ils ont reçu, leur empressement et leur loyauté à défendre leur cause. Leur langue. C'est seulement lorsqu'il est en possession de tout cela – les faits froidement objectifs –, qu'il peut faire un choix informé et décider de son intervention subjective, de son analyse, de son plan de bataille. Alors il devient d'une précision mortelle.*

Le soir de l'arrivée de l'invité, Maman est de nouveau très belle. Doreen et elle sont dans la salle à manger en train de préparer la table pour le dîner. Lorsque nous avons des invités, Doreen ne rentre pas chez elle avant que le repas ne soit servi. Le dîner est prêt et servi dans le grand service en porcelaine de Maman, et donc Doreen demande si elle est autorisée à partir. Elle dit que son plus jeune fils, Little-Neville, arrive en train demain, depuis Touwsrivier où il est pensionnaire. Je n'ai jamais vu Little-Neville, mais Doreen parle beaucoup de lui – beaucoup plus que de n'importe quel autre de ses enfants. Elle dit toujours que c'est un garçon intelligent et qu'elle veut pouvoir lui donner une éducation.

C'est la raison pour laquelle elle l'envoie à l'école à Touwsrivier, pour le mettre à l'abri des influences de Grassy Park et des Cape Flats. Tous les Coloureds vivent dans les Cape Flats et, le week-end, ils se soûlent, violent et se tuent les uns les autres. Maman trouve que Doreen a bien fait d'envoyer Little-Neville au loin. Maman n'en peut plus de lire dans *Die Burger* les histoires de boycotts des Coloureds et de comportement sauvage à l'université coloured des Flats. Personne ne pourrait étudier sérieusement au milieu de ces voyous.

Doreen doit aller chercher Little-Neville à la gare du Cap demain matin et elle demande donc à ma mère si elle peut arriver un peu en retard. Maman répond que oui, mais je vois bien qu'elle est agacée. Doreen a toujours une histoire pour justifier le fait qu'elle est arrivée en retard ou qu'elle va arriver en retard. Mais même si ma mère se plaint de Doreen de temps en temps, nous l'aimons tous et je sais que ma mère ne s'est jamais véritablement mis en colère contre elle. Ma mère dit qu'il faudrait chercher longtemps avant de trouver une servante aussi fiable, d'aussi bonne volonté que Doreen. Après toutes ces années passées ici, elle connaît bien sa place. Elle n'est pas aussi directe et insolente que Gloria, et elle ne parle que lorsqu'on lui adresse la parole. Même à ce moment-là, elle ne parle pas beaucoup. Parfois, des journées entières s'écoulent sans que je sache si elle est ici ou non. Elle fait aussi les meilleurs sandwiches qui soient, que j'emporte à l'école et, pendant les récréations, tout le monde veut faire un échange avec moi. Parfois, elle glisse en cachette un morceau de tarte glacée ou des biscuits dans ma boîte en fer-blanc. Les matins où Doreen vient dans ma chambre me l'apporter, je sais qu'il y a une surprise à l'intérieur, parce que d'habitude elle laisse nos boîtes à sandwich sur la table dans l'entrée. Lorsque les trains sont en retard et que Doreen arrive trop tard pour faire les sandwiches, Maman ou Ilse se charge de les faire et ils ne sont jamais aussi bons. Ilse met toujours du beurre de cacahuètes et du sirop d'érable dans les sandwiches, alors qu'elle sait que je ne supporte pas ça, parce que, à l'heure de la récréation, le pain a tout absorbé, il est mou et il a un aspect dégoûtant. En général, je les jette et je mange quelque chose du déjeuner de Frikkie, ou bien j'achète un truc chez le marchand de friandises.

Doreen partie, je demande des nouvelles de l'invité à ma mère.

« Il prend une douche, il a fait un long trajet en avion. Souviens-toi : Ilse et toi, vous devez utiliser notre salle de bains cette semaine.

— Il arrive d'où, Maman ?

— De New York. Mais il est chilien. Il a dû passer par New York et de là à Johannesburg, et enfin à DF Malan. Ces voyages transatlantiques sont extrêmement fatigants.

— Ça, c'est vrai, dit Ilse en entrant dans la salle à manger. L'année dernière, quand je suis revenue de Hollande, je n'avais qu'une envie, c'était de dormir pendant deux jours. » Comme d'habitude, elle croit tout savoir.

« Eh bien tu peux imaginer alors... Le voyage de Mr. Smith était probablement trois fois plus long que le tien en provenance d'Amsterdam » dit Maman en allumant les grandes bougies jaunes au centre de la table. Elle baisse les lumières et les flammes dansent et projettent des centaines d'éclats sur les verres en cristal et les assiettes en porcelaine.

« Qu'est-ce qu'il fait au Chili, Mr. Smith, Maman ? dis-je.

— Il est général, comme Papa. Mais pour nous, il est simplement Mr. John Smith de New York, en voyage d'affaires. Tu le sais, au cas où tes amis te demanderaient, n'est-ce pas ? dit ma mère, les yeux baissés vers moi et le front soucieux.

— Oui, Maman, bien sûr que je le sais, dis-je, en passant mon doigt dans la flamme de la bougie pour voir si ça va me brûler.

— Ne joue pas avec le feu, dit Ilse. Tu vas faire pipi au lit. »

Au moment où je lui réponds par une grimace, mon père fait son entrée.

« Alors, jeune homme ! Les vacances n'ont même pas commencé et tu terrorises déjà ta sœur. » Il se penche pour nous embrasser, puis il me demande :

« Tu t'ennuies déjà ?

— Ce n'est pas moi, Papa. C'est elle qui me harcèle ! » J'aimerais pouvoir effacer l'air insolent qui s'affiche sur le visage d'Ilse. Lorsqu'elle croit avoir remporté une victoire sur moi, elle aspire ses joues et me fait cette grimace stupide, en imitant une star de cinéma.

« Qu'est-ce que tu as fait aujourd'hui, Marnus ? demande mon père.

— J'ai joué au Scalextric, Papa. Mais la voiture verte va beaucoup plus vite que la rouge, et donc elle n'arrête pas de dérailler.

— Et... tu as trouvé quel était le problème ?

— *Ja*, Papa. Je crois que c'est le fil du connecteur dessous qui n'est pas assez serré. Je viens de l'aplatir un peu et ça marche mieux. Mais, dans les virages, je dois toujours ralentir plus qu'avec la verte. »

« Je suppose que vous avez pu vous rafraîchir et que vous êtes prêt pour votre premier repas sud-africain ? » Personne n'a remarqué la présence de Mr. Smith sur le seuil jusqu'à ce que ma mère se mette soudain à parler en anglais. Nous nous tournons vers lui. « Et j'espère que vous vous sentez comme chez vous. »

Lorsqu'il sourit, ses dents blanches étincellent sous sa moustache noire, et il dit : « C'est très gentil à vous. Dans mon pays, nous disons, *mi casa es su casa !* » Il ne porte pas les mêmes vêtements que lorsque je l'ai aperçu depuis ma fenêtre. Il a les cheveux mouillés et une raie bien nette sur le côté.

« John ! Bien... Tu as déjà rencontré Leonore, laisse-moi te présenter mes enfants. Voici Ilse et mon fils, Marnus.

— Bonsoir, Mr. Smith » dit Ilse en s'avançant pour lui serrer la main, comme on nous a appris à le faire. Ma mère dit que c'est n'importe quoi cette règle qui voudrait que les femmes ne serrent pas la main. Elle dit que si les femmes apprenaient à serrer la main, il y en aurait plus comme Golda Meir dans le monde. Golda Meir est peut-être une femme, mais c'est celle qui va donner une bonne leçon aux Arabes.

« Enchanté » répond le général et ses yeux vont d'Ilse à ma mère, pour revenir sur Ilse : « De toute évidence, vous êtes la fille de votre mère. Mais vous auriez pu être sœurs. » Il dit ça avec un accent rigolo. Mais son anglais est bon.

Entre-temps, je me suis rapproché pour lui serrer la main. J'ai l'impression, au moment où il me regarde, que ses yeux voient à travers moi.

« Bonsoir, Mr. Smith » dis-je et je sens mes oreilles rougir parce qu'il m'a vu l'espionner depuis ma fenêtre. Ma mère en mourrait s'il lui racontait cet incident. Ma mère dit qu'il n'y a que les Blancs pauvres de Woodstock qui espionnent par les fenêtres. Mais lorsque le général s'adresse à moi, il ne dit pas un mot de l'incident :

« Ah, Marnus » et il roule le « r » de mon nom comme les gens qui savent parler l'afrikaans, pas comme le prononcerait un Anglais. « Vous êtes la copie conforme de votre père. »

Je ne sais pas ce qu'il entend exactement par *copie conforme*, mais je souris et je hoche la tête. Une fois assis, et pendant que mon père parle au général, je demande dans un murmure à Ilse ce qu'est une *copie conforme*. Elle me jette un regard furieux, agacée par le fait que je puisse la distraire de la conversation des adultes. Elle siffle en afrikaans : « Il dit que tu ressembles à une photocopie. »

Je suis surpris et je me demande ce qu'il peut vouloir dire.

« Une photocopie ?

— Oui, abruti. Une photocopie ou un duplicata de Papa. Et maintenant tais-toi avant que Papa ne t'entende murmurer à table. »

Je touche sa main sous la table pour lui demander autre chose, mais elle me plante ses ongles dans la peau sans même détourner les yeux une seconde de la conversation en cours. Je ne dis plus un mot pendant tout le dîner.

Il n'y a pas longtemps encore, j'essayais de faire tout ce que je pouvais pour être dans les petits papiers d'Ilse, surtout parce que ma mère disait qu'elle ne supportait plus de nous voir nous disputer comme chien et chat. Après une de nos altercations sur la question de savoir qui allait faire la vaisselle le jour de congé de Doreen, une fois par mois, j'ai décidé de me comporter du mieux que je pouvais, pour Maman, et de ne plus jamais me disputer avec Ilse. Je pensais que tout se passait bien jusqu'au jour où... le truc de *Moby Dick*. Même si je n'aime pas lire autant qu'Ilse, j'ai décidé de lui parler des livres que j'ai lus et aimés, uniquement parce que j'ai pensé que ça nous aiderait à vivre en paix et parce que j'étais sûr qu'elle cesserait de me traiter comme un enfant. Après avoir lu *Moby Dick*, mon histoire préférée au monde, je lui en ai parlé et elle a été très intéressée par les baleines et le bateau, et tout le reste. Quand je lui ai parlé de Queequeg et des différentes sortes de baleines et du fait que le capitaine Achab était vraiment horrible, elle est restée silencieuse et on aurait dit qu'elle était vraiment intéressée et qu'elle me prenait au sérieux pour une fois. Quand j'ai terminé le récit de cette histoire horrible, elle a hoché la tête lentement et dit : « Ça a l'air d'être un livre excellent. Je veux vraiment le lire. Mais je vais lire le vrai *Moby Dick*. Le tien est une version révisée pour les enfants. » Et lorsqu'elle a dit ça, je suis sorti sans rien dire de la pièce, parce que j'ai su que *rien* de ce que je pourrais dire ou faire ne l'empêcherait de toujours me traiter comme un bébé. Elle ne va pas changer et donc j'ai renoncé, et j'ai fait de mon mieux pour l'ignorer depuis.

Le repas est un *bobotie* au riz et aux raisins. Le général trouve ça merveilleux et demande à ma mère si c'est un vrai plat afrikaans. Ilse dit que le *bobotie* est en fait un plat malais, mais Maman dit que c'est le genre de nourriture que mangeaient les *Voortrekkers* pendant le Trek dans le nord. Papa dit que le véritable plat afrikaans, c'est le *braaivleis* et lorsqu'il explique ce que c'est, le général dit qu'ils ont quelque chose de similaire qui s'appelle *pariada* ou un truc dans le genre. Il dit que c'est du mouton grillé sur les braises au Chili et mon père dit que ça a l'air de ressembler un peu au *braaivleis*. Quand Maman l'interroge sur d'autres plats chiliens, le général répond qu'ils ont beaucoup de recettes à base de riz, parce qu'il y a toutes sortes d'influences espagnoles dans leur cuisine. Je me demande s'il n'est pas une sorte d'Espagnol, parce qu'il a la peau tellement sombre et que ses cheveux et sa moustache sont d'un noir profond. Ses bras sont aussi couverts de poils noirs et des veines épaisses parcourent ses avant-bras. Un peu comme Papa.

Le général pose des questions sur notre charmante maison et mon père lui raconte comment Oupa et Ouma Erasmus sont arrivés en Afrique du Sud. Il explique au général que Oupa avait bien fait de quitter le Tanganyika quand il l'a fait, parce que tous les fermiers blancs, vingt ans plus tard, ont été chassés de leurs terres et ont tout perdu. Oncle Samuel et des gens comme Sanna Koerant et les Oberholzer sont partis à ce moment-là. Une fois que les communistes de Pékin ont commencé à endoctriner les Noirs, ceux-ci se sont emparés du Kenya et du Tanganyika, et les Masaï et les autres tribus étaient trop stupides pour s'apercevoir que Mao Zedong les menait en bateau. A-t-on jamais entendu parler d'un Masaï ou d'un Kikuyu, ou d'un Wachagga qui sache s'occuper d'une ferme ?

Quand Oncle Samuel et les autres ont commencé à arriver, ils ont raconté que les magnifiques fermes au pied du Kilimandjaro et du Méru étaient devenues des abris pour les chèvres et le bétail. Les Noirs préfèrent vivre dans les cabanes à côté des fermes qui étaient autrefois magnifiques. Oncle Samuel avait dit que le paradis où avait grandi mon père s'était transformé en un lieu de misère et de pauvreté. Les chasseurs de gros gibier qui venaient d'Amérique et d'Angleterre étaient tous repartis chez eux et les navires qui entraient et sortaient autrefois de Dar es-Salaam avaient trouvé de meilleurs ports d'attache. Les plages de sable blanc de

Mombasa se dégradaient parce que le nouveau gouvernement s'en fichait complètement. Le commerce avait pratiquement cessé et même l'hôtel d'Oupa, The Imperial, commençait à péricliter. Le bâtiment n'avait pas vu un pinceau depuis des années et le plâtre tombait des balcons par morceaux entiers. Lorsque le vent emportait des tuiles du toit, personne ne les remplaçait et on se contentait de mettre de temps en temps un bout de tôle ondulée pour le protéger des averses de l'après-midi.

« *Ja*, dit mon père chaque fois qu'il parle du Tanganyika, pour celui qui n'en est pas digne, le paradis peut se transformer en enfer du jour au lendemain. » Il dit qu'il n'oubliera jamais ce que les communistes et les Noirs ont fait au Tanganyika. Et mon père dit que *nous* ne devrions pas oublier. Un *Volk* qui oublie son histoire est comme un homme sans mémoire. Un tel homme ne vaut rien.

Mon père dit que l'histoire de l'Afrikaner, et aussi des Afrikaners du Tanganyika et du Kenya, est une histoire dont il faut être fier. Nous devons toujours nous en souvenir et nous assurer de la transmettre un jour à nos propres enfants. Le Premier ministre lui-même, Oncle John Vorster, a dit quelque chose de semblable à Pretoria, l'autre jour, quand quelqu'un lui a posé une question sur le problème des Coloureds. Oncle John a dit que les Coloureds ne pourraient jamais dire que nous leur avons fait ce que les Anglais ont fait aux Afrikaners. La lutte des Afrikaners pour l'autonomie et pour se libérer du joug de l'impérialisme britannique a été une noble lutte.

Mais à présent les Noirs essaient de faire à la République la même chose que ce qu'ils ont fait au Tanganyika. Ils essaient de s'approprier tout ce que nous avons construit pendant des années, uniquement pour le détruire comme ils détruisent tout ce qui leur tombe entre les mains. De toutes les nations du monde, celles qui ont la peau noire sur le cul ont aussi les plus petits cerveaux. Même s'il est possible de sortir un Noir du bush, il est impossible de chasser le bush du Noir.

Oncle Samuel, qui a monté une exploitation de pommes près de Grabouw après avoir quitté la Tanzanie, a fait construire de vraies toilettes pour ses ouvriers coloureds. Mais il ne s'est pas écoulé un mois avant que ces abrutis ne transforment les cuvettes des toilettes en âtres. Oncle Samuel dit toujours qu'on ne devrait donner que le minimum aux Coloureds, parce que c'est comme ça qu'on se garantit le minimum de souffrances. Tout ce qu'ils veulent, c'est le *dop*. Ils préfèrent un *dop* de vin à de l'argent, de toute façon.

Les Bantous sont encore plus abrutis que les Coloureds. Les Coloureds, heureusement, ont la chance d'avoir un peu de sang de marin dans les veines. Mais à présent il est tellement dilué qu'ils sont presque tous alcooliques et ils claquent tous leur salaire à se soûler pendant le week-end. La plupart du temps, ce sont des criminels qui jamais ne verront les portes du Ciel. Saint Pierre, qui garde les portes de l'éternité, s'évanouirait s'il sentait leur haleine.

Mais Doreen, c'est une fille bien et elle ira peut-être au Ciel. Au Ciel, elle vivra avec d'autres Coloureds chrétiens dans des petites maisons et le Seigneur la récompensera de ne s'être jamais soûlée comme les autres. Et aussi parce qu'elle ne vole jamais le sucre de ma mère comme le fait Gloria chez Mrs. Delport. Gloria, cette pouffe aux lèvres violettes qui se prend pour une vraie dame, ce n'est pas le genre qui héritera jamais de la Vie éternelle.

Mon père ouvre une autre bouteille de vin et remplit les verres des adultes. Ilse et moi n'avons droit qu'à un verre de vin pendant le déjeuner du dimanche. Le général dit qu'ils font un bon vin rouge au Chili, mais que notre vin est le meilleur qu'il ait jamais goûté.

« Et vous que faites-vous, Leonore, quand vous ne préparez pas des repas merveilleux pour vos invités étrangers ? » demande le général à ma mère, et je peux voir qu'elle est heureuse d'entendre ce compliment.

Du coin de l'œil, j'aperçois mon père en train de tourner la tête pour regarder ma mère. À la lumière des bougies, mon père paraît plus jeune que d'habitude, et lorsque ma mère et lui se mettent à rire de la question du général, il a autour de la bouche les mêmes rides à peine visibles que sur les photos de leur mariage.

« Eh bien, commence ma mère, je suis une sorte de professeur de chant. J'ai donc un ou deux élèves par semaine, dont ma fille. En dehors de ça, je suis bien occupée à trimballer ces deux-là d'une activité à l'autre. Ils font cent trucs différents, ce qui ne me laisse pas une seconde. Être mère, c'est vraiment un travail à plein temps ! dit-elle, et elle nous sourit, à Ilse et à moi.

— Et vous-même, vous chantez, Leonore ? demande-t-il.

— Oh non, plus maintenant, vraiment... à part la chorale de l'église...

— Ma mère, dit Ilse, se mêlant à la conversation, aurait pu être une grande contralto... Mais ma mère l'interrompt.

— Oh, Ilse, s'il te plaît. J'étais horrible... » Et elle lève son verre pour que mon père le remplisse.

« Quelqu'un d'horrible ne peut pas chanter *Didon* à un âge aussi précoce ! dit Ilse et ma mère a l'air intimidée.

— Vous avez été *Didon* ? demande le général et Maman hoche la tête en souriant, avant de dire :

— Oui, mais c'était il y a un siècle. Maintenant je transmets aux autres les leçons que j'ai apprises. »

Mon père pose la main sur le bras de ma mère et commence à raconter l'histoire de leur rencontre quand il était à l'Académie militaire de West Point :

« Nous avons été présentés par un attaché militaire au cours d'une réunion informelle du personnel diplomatique sud-africain à Washington. Leonore avait été invitée aux États-Unis et en Europe pour chanter de la musique traditionnelle afrikaans dans toutes nos missions diplomatiques. Elle est restée quelques mois de plus après que nous nous sommes rencontrés et elle est rentrée en Afrique du Sud avec moi, une fois ma formation terminée. Nous avons officialisé le mariage dès que nous sommes revenus chez nous.

— Oui, une fois qu'on est mariée avec des enfants, on a de toute évidence des priorités différentes » a dit ma mère, et mon père caressait doucement son avant-bras.

Le général hoche la tête. Il sourit à Ilse et à moi, puis demande à ma mère :

« Avez-vous jamais regretté votre décision... d'avoir tout abandonné ?

— Mon Dieu, non ! Comment aurais-je pu, avec tout ce que j'ai à présent ? » Ma mère rit et boit une gorgée de son verre en cristal.

Le général regarde Ilse et demande :

« Donc vous chantez, vous aussi ? »

Ilse hoche la tête et dit oui, pendant qu'elle enroule une longue mèche de cheveux blonds derrière son oreille gauche, comme elle le fait quand elle essaie de jouer les adultes.

« Au moins vous marcherez dans les pas de votre mère » dit-il. Il a des yeux aussi bleus que ceux de Terence Hill dans *Trinity*, et ils brillent à la lumière des bougies.

« Je ne crois pas, répond Ilse. Je serai peut-être médecin ou professeur. J'aime la littérature autant que la musique.

— Oh, vous aimez lire ? Moi aussi... Vous connaissez notre grande femme de lettres,

Gabriela Mistral, qui a obtenu le prix Nobel en 1945 ? »

Ilse réfléchit un moment et puis secoue la tête :

« Non, je suis désolée, je ne la connais pas… mais je connais Pablo Neruda ! Il est du Chili, non ? Et il a obtenu le prix Nobel, il y a deux ans seulement, je crois. »

Le général semble un peu mal à l'aise, mais il sourit et dit :

« Oui… Neruda est chilien, mais les gens ne l'aiment pas beaucoup chez nous. »

Mon père annonce que nous devrions passer au salon. Maman et lui passent devant, avec Ilse derrière eux. Le général suit Ilse, tandis que je reste à table pour lécher ce qui reste de crème dans le plat de la tarte aux pommes. Je suis en train de lécher mon doigt couvert de crème, quand le général se tourne vers la table et me demande : « Est-ce que c'est vous qui étiez à la fenêtre – ou bien est-ce que vous cachez un demeuré dans le grenier ? » Il a un sourcil dressé et il me regarde en faisant une tête de clown.

« *Ja dis ek* » dis-je, oubliant de passer à l'anglais. « Je veux dire, oui, c'est moi. »

J'essuie la crème qui coule à la pointe de mon menton.

*Au nord de notre position, Van Schoor et ses hommes sont coincés. Je l'entends appeler le QG à la radio. La radio allumée, les sons de la bataille sont parmi nous. Par moments, la voix de Van Schoor disparaît derrière le bruit des chars et des obus de mortier. Son peloton essaie de progresser vers le nord-est, en direction de Techipa, mais les chars et les véhicules blindés cubains les ont bloqués. Il lance un appel radio, expliquant au QG que son peloton est coincé, ils ne peuvent plus fuir. Il supplie Ruacana d'envoyer les Impalas. Mais nous le savons déjà, les Impalas ne peuvent pas approcher sans se faire descendre par les Migs.*

*Mes chefs de section viennent me demander si nous allons bouger.*

*« Non, dis-je devant leurs visages troublés, nous allons attendre les ordres du QG. Nous ne savons pas ce qui se passe là-bas. Nous pourrions tomber au beau milieu d'une embuscade. »*

*Le chef de section noir me dévisage après que les autres se sont éloignés. Il est l'un des deux Xhosa du peloton. Non que ça ait la moindre importance ici. Nos visages sont tous noircis et, à ce stade, il sait que je suis tout aussi terrifié que lui, et que les balles ne connaissent pas ce que signifie la discrimination. Pendant qu'il me dévisage, j'ai de nouveau l'impression que rien n'a d'importance ici, et je laisse le volume de la radio assez haut pour m'assurer qu'il puisse entendre la voix cassée de Van Schoor appelant le Colonel à l'aide. Il crie en afrikaans, en anglais et en portugais – les trois à la fois.*

Avant qu'il ne prenne sa douche et ne parte travailler, le matin, mon père prend un sac en plastique rempli de pain rassis et de porridge que Doreen prépare, et il vient nourrir les mouettes sous ma fenêtre. Chaque fois que mon père s'absente pour une obligation militaire, c'est moi qui dois me lever pour les nourrir. Lorsque nous partons tous, par exemple lorsque nous sommes à Sedgefield pour les vacances, les mouettes doivent changer de tactique et trouver leur petit déjeuner ailleurs, ou bien elles doivent se satisfaire de ce qu'elles peuvent trouver au port.

Les matins ensoleillés, l'été, il y en a déjà une vingtaine sur notre pelouse à attendre l'arrivée de mon père. Après tant d'années, elles connaissent l'histoire, elles savent donc que mon père sort par la porte principale avec leur petit déjeuner, un peu avant six heures. Certaines viennent dans notre jardin depuis si longtemps que mon père est capable de les identifier à une petite marque sur leurs pattes ou à des taches sur leur bec ou leurs ailes.

Dès que la porte s'ouvre, elles font un tel chahut que je me réveille parfois. Je reste à les écouter pendant quelques minutes et je me rendors quand les cris stridents cessent. Les matins où j'ai envie de me lever de bonne heure, je descends quand les cris aigus se font entendre. Celles qui s'étaient posées et attendaient sur la pelouse décollent en un éclair et, de toutes les directions, des retardataires tombent du ciel comme des petites bombes. De temps en temps, on a l'impression que toutes les mouettes de False Bay s'abattent sur notre maison. Puis, le véritable cirque commence quand elles se mettent à se chasser les unes les autres, poussant leurs cris et battant des ailes pour être la première à manger. Elles tourbillonnent au-dessus de nos têtes et piquent la nourriture au bout de nos doigts. Quand nous faisons des petites boules de porridge et que nous les jetons en l'air, c'est comme si une fontaine de plumes se mettait à cascader dans le ciel bleu. Lorsque l'une d'entre elles attrape la boule avant que celle-ci n'ait atteint une bonne hauteur, les autres redescendent sur nous et se plaignent amèrement.

Quand elles planent au-dessus de nos têtes et devant nos visages, on a l'impression qu'elles rament avec leurs ailes et que leurs pattes palmées se balancent d'avant en arrière comme des petits gouvernails. Nous ne pouvons pas nous empêcher de rire d'elles, parce qu'elles projettent leurs têtes en avant comme si elles mendiaient et voulaient que nous voyions à quel point elles sont affamées. Papa a pitié d'elles parfois et je vais chercher à ce moment-là des *Herzoggies* en boîte dans la cuisine, afin que nous puissions les gâter un peu. Pendant que je vais chercher les biscuits à la cuisine, elles attendent, en continuant à pousser des cris et à planer au-dessus de Papa. Elles lui font confiance parce qu'elles le connaissent.

Du côté Simonstown de ma chambre, sur la vitre, il y a une photo de mon père, gants de boxe aux poings. Les gants en avant, il fait face à l'appareil photo, la tête légèrement inclinée sur le côté. Il est encore très jeune.

Nous allons de temps en temps voir de la boxe au Good Hope Centre, ou bien nous écoutons des matches à la radio, certains soirs. Quand Arnold Taylor a mis K-O le Mexicain Romeo

Anaya et qu'il est devenu champion du monde, ça a été un jour de gloire pour la République. Nous avons écouté le match à la radio et lorsqu'ils ont joué « Die Stem », Papa avait les larmes aux yeux.

Juste avant l'arrivée du général, nous avons aussi écouté le combat de Pierre Fourie contre Bob Foster à Johannesburg. C'était la première fois dans l'histoire de la République qu'un non-Blanc affrontait un Blanc. L'arbitre a laissé Foster gagner parce qu'il est noir, même si Pierre aurait dû gagner le match. Mais, à l'étranger, ils mêlent la politique au sport et nous autres, Sud-Africains blancs, nous subissons la discrimination.

L'autre grand héros de mon père et de moi, c'est Gary Player. Papa dit que les Springboks, ça va, ça vient, mais que le seul Springbok qui portera toujours le vert et l'or, c'est Gary Player.

À côté de Papa en gants de boxe, il y a une autre photo de lui près d'Oncle PW Botha. Elle a été prise à l'époque où Oncle PW était ministre de la Défense. Papa dit qu'il parie sur Oncle PW pour mener la barque dans la tourmente. Il dit que les hommes politiques font n'importe quoi et qu'il est temps que les forces de la Défense leur montrent comment s'y prendre. Notre espoir, à l'avenir, repose sur des hommes comme Oncle PW.

Dans un autre cadre, il y a une photo de Maman en train de chanter. Ilse dit qu'elle a été prise quand Maman jouait *Didon* à l'opéra. Elle porte une longue robe du soir qui fait des plis à ses pieds. En bas, dans un coin, il y a une inscription à l'encre blanche : *Pour Leonore – que jamais tu n'oublies de te servir de ta voix, Mario*. Je crois que Mario était le type qui chantait l'opéra avec Maman.

Parfois, quand mon père n'est pas à la maison, on peut entendre Maman chanter au piano dans le salon ou dans la salle de bains. Elle chante toutes sortes de trucs d'opéra et je crois que les concerts et les voyages à l'étranger lui manquent. Chaque fois qu'elle chante dans la salle de bains, c'est comme si la maison entière devenait silencieuse pour l'écouter. Vers la fin d'un après-midi, alors que j'étais en bas pendant qu'elle chantait, j'ai trouvé Doreen debout dans le couloir, silencieuse, sa serpillière et son seau à la main, écoutant tout simplement la voix de ma mère emplir la maison. Quand elle m'a vu, Doreen s'est vite penchée en avant et a fait comme si elle essuyait quelque chose par terre. Puis, elle est partie en silence vers la cuisine. Je crois qu'elle a eu honte d'être surprise, parce que, au moment où elle est partie prendre son train un peu plus tard, elle ne m'a même pas dit au revoir.

Mon père et ma mère ne veulent pas qu'Ilse et moi prenions le train pour aller à l'école. En une semaine, deux femmes blanches ont été violées par des Coloureds à la gare de Salt River. C'est la plus atroce des disgrâces pour une femme que d'être violée. Ma mère dit que c'est même dangereux pour les jeunes garçons, ces temps-ci, de prendre le train parce qu'on est exposé à toutes sortes de mauvaises influences.

Donc, Maman nous trimballe partout dans sa Coccinelle verte. Quand elle se gare devant le portail de l'école, au milieu de toutes les autres Coccinelles, nous pouvons la repérer à des kilomètres parce que la sienne a un petit toit noir. Il y a toujours tellement de Coccinelles garées devant Jan-Van-Riebeeck qu'il nous serait facile de monter dans la mauvaise. Quand nous jouons sur la route à compter les voitures, nous ne sommes pas autorisés à compter les Coccinelles parce qu'il y en a des milliers et que celui qui choisit ce modèle est sûr de gagner à tous les coups.

Ma mère intercale ses leçons de chant entre ses allées et venues en voiture. Au début de la semaine, Ilse et moi devons lui dire avec précision quelles sont nos activités en dehors de l'école. Ma mère peut ainsi annuler une de ses leçons à l'avance si l'un de nous doit être déposé ou récupéré quelque part. À Jan-Van-Riebeeck, l'école primaire finit plus tôt que le lycée, donc je ne suis pas trop dépendant de ma mère, puisque je vais simplement l'attendre chez Frikkie après le cricket ou le rugby. Cette année, Frikkie et moi, nous avons commencé à faire du karaté dans la salle de gym de Buitenkant Street.

Le vendredi après-midi, nous avons *Voortrekkers*. Je suis chef d'équipe et Frikkie est mon second. Notre équipe, c'est les Lions et notre devise : *Voorwaarts*. Les jumeaux Spiro sont boy-scouts et nous nous battons toujours pour savoir ce qui est mieux, *Voortrekkers* ou boy-scouts. Nous disons toujours que les boy-scouts, c'est ringard. Ilse était *Voortrekker* jusqu'à l'année dernière. Mais lorsqu'elle est revenue de Hollande, elle a dit qu'elle était en retard dans son travail à cause de toutes ses activités. Quand elle a cessé d'être *Voortrekker*, Papa a été très déçu parce que Ilse serait sans aucun doute devenue *Presidentsverkenner* ; seuls les meilleurs *Voortrekkers* deviennent *Presidentsverkenners*.

Comme Ilse est bonne en tout et comme elle est plus âgée que moi, elle a plus d'activités en dehors de l'école. En hiver, elle joue au basket le lundi et le mercredi et, pendant l'été, il lui arrive de faire de l'athlétisme trois fois par semaine. En plus du sport, elle a aussi un cours supplémentaire de musique, le vendredi après-midi, au College of Music, et elle accompagne aussi la chorale de Jan-Van-Riebeeck. Pendant l'heure de la leçon de musique, ma mère attend dans la voiture. Même si ça ne doit pas être très agréable pour Maman de rester assise dans la voiture, je me fiche pas mal que la leçon de musique soit le vendredi après-midi parce que ça me donne du temps pour être seul avec mon père. Il a installé une radiocassette moderne dans la Coccinelle pour que Maman puisse écouter de la musique pendant qu'elle nous trimballe ou qu'elle nous attend.

Autrefois, quand nous devions attendre Ilse, nous avions l'habitude d'aller voir Tannie Karla, à l'époque où elle vivait dans un appartement à Sea Point. Mais après la grande dispute entre

Maman et Tannie Karla, nous n'y sommes plus jamais retournés.

Les autres après-midi, pendant que nous attendons Ilse devant le lycée, ma mère et moi écoutons les feuilletons Afrikaans sur Springbok Radio. Mon préféré, c'est *Die Wildtemmer*, à propos d'un ranger dans une réserve d'animaux. La femme de l'histoire s'appelle Jenny et elle a des cheveux roux comme Zelda Kemp. Le ranger s'appelle Le Grange et la réserve Randall's Ranch. L'histoire me fait toujours penser à Oupa Erasmus au Tanganyika. Oncle Samuel a plein de petits films et de photos de Oupa dans des safaris près du Kilimandjaro et du Méru. L'hiver, quand il fait froid et qu'il pleut, nous allons parfois à Grabouw pour voir les films d'Oncle Samuel. Papa et Oncle Samuel nous racontent toujours des histoires formidables sur le Tanganyika et sur Oupa Erasmus, et sur le fait que c'était vraiment bien de vivre en Afrique de l'Est.

Papa n'avait que trois semaines quand Oupa et Ouma l'avaient emmené pour son premier safari d'éléphants. Sanna Koerant adore raconter l'histoire du jour où les femmes étaient seules dans le camp et que les Masaï étaient venues. Papa dormait dans son berceau et Sanna Koerant, Ouma Erasmus et Tannie Betta étaient assises à jouer aux cartes à côté. Des femmes masaï étaient sorties des fourrés et s'étaient approchées du berceau de mon père. Avant que Ouma ne puisse faire quoi que ce soit, l'une d'elles l'avait soulevé de son berceau et le serrait contre elle pendant que les autres femmes étaient venues les entourer. Ouma voulait crier ou tirer des coups de feu pour les chasser, mais Sanna Koerant avait posé sa main sur le bras d'Ouma et lui avait demandé de rester assise. Elle avait dit que les Masaï donnaient leur bénédiction à mon père. Dès que les femmes à moitié nues s'étaient éloignées, Ouma s'était précipitée vers le berceau pour voir si mon père allait bien. Comme les Masaï ne se lavent jamais et comme ils boivent du sang frais, Ouma redoutait que mon père n'ait attrapé une maladie horrible. Quand les Masaï avaient disparu dans les fourrés, Ouma avait ordonné aux serviteurs de faire chauffer des bassines d'eau afin qu'elle puisse laver mon père. La vieille Sanna hurle de rire chaque fois qu'elle raconte que Ouma avait versé la moitié d'une bouteille de désinfectant dans l'eau avant de frotter mon père, qui criait comme un putois.

Ouma l'avait frotté et frotté jusqu'à ce qu'elle ait le sentiment d'avoir tué tous les germes. Puis elle avait rincé mon père à l'eau douce. Sanna raconte qu'elle avait tellement ri en voyant Ouma frotter comme ça, que cette dernière s'était vraiment fâchée et lui avait dit ne pas comprendre comment une femme pouvait être aussi insensible à l'angoisse d'une autre. Lorsque la vieille Sanna a fini de raconter son histoire, elle ricane encore une fois, et ses petites dents recouvrent sa fine lèvre inférieure, comme des pépins jaunâtres.

Tannie Betta a dit un jour que tous les enfants blancs qui avaient grandi près de Méru avaient les dents jaunes. Oncle Samuel a dit que c'était vrai, on pouvait aller voir les enfants du Kilimandjaro, ils avaient tous les dents blanches. La vieille Sanna a alors éclaté de rire et demandé : « Où sont les enfants du Kilimandjaro ? » Oncle Samuel s'est mis en colère et lui a ordonné de ne pas recommencer à dire des absurdités.

Quand les élèves de ma mère viennent chez nous pour les leçons de chant, je dois être calme, poli et rester dans mon coin. Je connais la ritournelle par cœur et je la répète pour moi en silence pendant que ma mère me dit : « Marnus, mon garçon, aujourd'hui tu dois être *calme, poli et rester dans ton coin*. Mes élèves paient beaucoup d'argent pour ces leçons. L'argent ne pousse pas sur les arbres… »

Je répète inlassablement « *Calmepolietresterdanstoncoin* » pendant que je fais courir les Porsche sur le circuit. J'entends ma mère au piano dans le petit salon, faisant des gammes avec un de ses élèves. De haut en bas, de bas en haut, il chante les mêmes notes, jusqu'à ce que je ne puisse plus le supporter et que je ferme ma porte.

Nous sommes vendredi après-midi et le général est de nouveau sorti quelque part avec mon père. Papa ne rentrera donc pas plus tôt, comme il a l'habitude de le faire le vendredi. C'est dommage parce que je commence à m'ennuyer avec le Scalextric. Plus le temps passe, moins je m'amuse à conduire les deux voitures. C'est bien mieux quand il y a quelqu'un d'autre et que nous pouvons vraiment faire la course. Mais je suis surtout déçu parce que Papa n'est pas là et que je déteste que quelque chose le retienne loin de la maison, le vendredi après-midi. Ça signifie que je vais sans doute devoir accompagner Maman à cette stupide leçon de musique d'Ilse. Ça signifie aussi que Papa et moi avons raté notre nage du week-end. Si Papa était là, nous serions allés nager à Sealrock sur la plage de Muizenberg, et après ça nous nous serions assis sur la véranda pour jouer aux échecs et écouter de la musique pendant que le soleil se couche derrière les montagnes.

Le vendredi après-midi, ce sont toujours les meilleurs moments pour mon père et moi. Nous faisons une longue promenade sur la plage de Muizenberg et pendant que nous marchons en direction de l'endroit que nous appelons Sealrock, nous parlons de la semaine et de tout ce dont il est presque impossible de parler, faute de temps, puisque mon père doit travailler si dur. Nous connaissons presque tous les pêcheurs qui pêchent depuis le rivage et, en chemin, nous leur demandons si ça mord et s'ils ont entendu parler d'un tel ou de tel autre qui a attrapé un poisson comme ci ou comme ça, à tel ou tel endroit. Les vieux pêcheurs appellent mon père *Mister* et je me demande ce qu'ils penseraient s'ils savaient qu'il est vraiment général.

Lorsque nous arrivons à Sealrock et uniquement s'il n'y a personne d'autre près de nous sur la plage, nous allons dans les dunes nous déshabiller et nous courons ensuite nous jeter dans la mer et les vagues – complètement à poil. Papa me laisse prendre un peu d'avance, je dévale les dunes et je traverse la plage en espérant arriver à l'eau avant lui. Parfois j'y arrive, mais d'autres fois il me rattrape, il me prend sous son bras et fonce dans les vagues. Je crie, je hurle comme un fou pour qu'il attende, mais avant que je sache ce qui m'arrive, nous nous effondrons dans les rouleaux. L'eau est tellement glacée en hiver que j'en ai presque le souffle coupé, mais Papa dit que nous sommes des taureaux qui ne peuvent pas redouter un peu d'eau froide.

Puis nous nageons bien au-delà des rouleaux et pendant un moment nous nous laissons flotter sur la houle. Là, mon père est toujours très silencieux et si je parle trop, il me dit de me taire et d'écouter la mer et les mouettes. Si nous sommes assez loin, nous n'entendons même pas le bruit des voitures qui circulent sur Strandfontein Road, et les petites taches que font les pêcheurs disparaissent derrière les vagues. À ce moment-là, on a l'impression que mon père et moi sommes les seules personnes dans toute la baie, et même si mon père ne le dit jamais, je pense toujours qu'il se souvient d'Oupa Erasmus qui a disparu dans ce coin. Quand mon père veut rester dans l'eau trop longtemps et que je commence à être fatigué, il se tourne sur le ventre et je m'accroche à ses épaules comme à un morceau de bois flotté.

Les deux premières fois que Frikkie est venu avec nous, il a eu trop peur de se mettre à l'eau à cause des phoques. Papa a essayé de lui expliquer que nous n'avions vu des phoques par ici que quelques fois seulement et que nous reviendrions au rivage dès qu'il se sentirait fatigué. Je pouvais voir sur le visage de Frikkie que cette histoire de phoques n'était qu'une excuse et je crois que la raison véritable était qu'il ne nage pas aussi bien que moi. Frikkie avait refusé de bouger et, plus tard, mon père et moi y sommes allés pendant qu'il était resté dans les dunes comme une véritable petite mauviette. J'étais furieux parce que mon père était tellement désolé pour lui. Papa et moi étions dans l'eau depuis deux minutes à peine quand il avait fallu ressortir parce qu'il s'inquiétait de savoir Frikkie malheureux. Papa disait que Frikkie viendrait quand il verrait qu'il n'y avait aucune raison d'avoir peur. Il disait aussi que je ne devais pas taquiner Frikkie sur sa peur de l'eau. On ne taquine personne pour des peurs pareilles, on aide plutôt à surmonter la peur. Je n'ai jamais taquiné Frikkie à ce sujet, même si l'idée m'en est venue une ou deux fois, surtout quand il se montre arrogant avec moi.

Les choses ont tourné comme mon père les avait imaginées et, au bout de la troisième ou quatrième fois, Frikkie s'est déshabillé sans dire un mot à propos des phoques. Frikkie et moi avons dévalé la dune et plongé dans les vagues bien avant que mon père n'arrive. Je crois que Papa nous a laissés arriver les premiers cette fois, pour que Frikkie ne soit pas effrayé par mes cris quand Papa me prend sous son bras pour me jeter dans les vagues. Nous avions pris l'habitude de revenir vers la plage quand Frikkie commençait à se fatiguer mais, ces temps-ci, comme il n'a plus du tout peur, je m'accroche aux épaules de mon père et Frikkie aux miennes. Et nous flottons tous les trois pendant un temps interminable, là-bas au-delà des vagues.

Je descends dans le bureau pour téléphoner à Frikkie et lui demander s'il veut venir me voir. On l'autorise à prendre le train tout seul, mais il doit d'abord appeler sa mère à la boutique pour lui demander la permission. Quand il vient ici pendant le week-end, ma mère le raccompagne le samedi soir afin qu'il soit chez lui, le lendemain matin, pour l'école du dimanche. Mais, à présent, il n'y a plus d'école du dimanche jusqu'à la fin de l'année et peut-être pourra-t-il rester tout le week-end. Pendant les vacances, nous n'allons pas autant à l'église que pendant le trimestre.

Les Delport vont à la Groote Kerk près de Kruger Plain, et nous faisons partie de la congrégation hollandaise réformée de Fish Hoek. Notre église à Fish Hoek a été construite lorsque la petite église en pierre de Kalk Bay est devenue trop petite pour tous les Afrikaners de False Bay. Andrew Murray a été le premier *dominee* de l'église de Kalk Bay et il est désormais une sorte de monument national. *Dominee* Cronje a été le pasteur à Fish Hoek depuis des années et tout le monde le connaît, lui et Mrs. *Dominee*. Ils vivent dans une grande *pastorie* de deux étages qui surplombe la grande plage de Fish Hoek. Lorsque nous allons leur rendre visite, Mrs. *Dominee* et Maman parlent des bouquets de fleurs et des ventes de gâteaux pour l'église, pendant que Papa informe *Dominee* des événements politiques nationaux. La *pastorie* dispose d'un grand vestibule, magnifiquement lambrissé en *stinkwood*. Quand on entre dans la *pastorie*, on découvre des peintures à l'huile et toutes sortes de tapis tissés à la main que Mrs. *Dominee* rapporte de ses voyages en Israël et ailleurs. Une des grandes toiles qui se trouvent dans le vestibule représente un père et ses enfants sur la plage. Ça pourrait être quelque part le long de Muizenberg, parce que la plage est longue et plate, avec les dunes au loin, et tout au fond on dirait les Hottentots-Holland. L'homme du tableau parle à ses enfants et, tout en bas, on peut lire en grandes lettres inscrites dans le sable : « Honore Tes Père et Mère. » Quand je regarde ce tableau, je me demande parfois pourquoi seul le père est présent.

Frikkie me rappelle et dit qu'il peut venir, mais qu'il doit être de retour chez lui dimanche matin, parce qu'ils vont déjeuner chez sa grand-mère à Stellenbosch. Sa mère dit qu'il peut venir chez moi, mais il a dû promettre de ne pas se comporter en voyou, comme il l'a fait la dernière fois qu'il est venu ici. Frikkie était venu pour mon anniversaire. Il s'était fait réprimander pour avoir arraché des feuilles aux aloès de ma mère et pour avoir frotté le jus d'aloès sur la bouche de Zelda Kemp. Zelda pleurait encore quand Mrs. Delport était venue récupérer Frikkie un peu plus tard et, le lundi, il m'avait raconté que son père lui avait donné une terrible raclée.

Papa ne nous donne jamais de raclées. Il dit que si on élève un enfant correctement, il n'est pas nécessaire de lever la main sur lui. Ilse a reçu une raclée un jour. Ça s'est passé quand j'étais encore trop petit pour m'en souvenir, mais Ilse devait avoir quelque chose comme sept ans. Un Bantou était venu à la maison pour voir mon père. Il était venu en train et mon père l'avait fait entrer dans son bureau, où ils avaient parlé, porte fermée. À un moment donné, mon père avait dû aller chercher quelque chose dans la voiture. Comme il est rare de voir des Bantous au Cap, Ilse en avait profité pour aller l'examiner de près dans le bureau. Nous avons l'habitude de voir des Coloureds, parce que ce sont les seuls qui sont autorisés à travailler légalement ici. Quand les Bantous viennent chercher du travail ici, la police les chasse parce qu'ils essaient de s'emparer de tout. C'est la même chose avec les Coolies dans l'État libre. Les Coolies ne sont même pas autorisés à y passer la nuit, parce qu'une fois qu'ils *s'assoient*, ils restent *assis*. Les Coolies n'ont été amenés de l'Inde que pour tailler les cannes à sucre, mais à présent ils ont pris le contrôle de tout Durban. Les Bantous vivent pour la plupart dans le Natal, l'État libre et le Transvaal.

Ilse voulait donc aller voir de près l'étrange visiteur. Elle avait passé la tête dans la porte du bureau et, avant qu'il ne puisse comprendre ce qui lui arrivait, elle avait crié : « Espèce d'horrible *kaffir* ! »

Elle était repartie en courant quand elle avait percuté mon père, qui avait entendu ce qu'elle venait de dire au Bantou. Ilse raconte que Papa l'avait soulevée par le bras et emmenée dans notre salle de bains, et lui avait donné l'unique raclée de sa vie. Puis, il l'avait ramenée dans le bureau et l'avait forcée à s'excuser auprès du Bantou. Nous n'avons pas le droit d'employer des mots comme *kaffir* ou *hotnot*, ou encore *houtkop*, parce que ce sont aussi des êtres humains, et Papa dit que nous devons les traiter comme des êtres humains.

Frikkie dit que le mot *kaffir* signifie « crachat », et Gloria dit toujours que les *kaffirs* sont la lie de la terre. Un jour, Frikkie lui a dit qu'elle était à moitié *kaffir* elle-même et elle a éclaté de rire en disant : « Jamais de la vie ! Il y a beaucoup de lait dans ce café ! »

Je n'ai jamais raconté à mon père et à ma mère que Frikkie et Gloria disaient le mot *kaffir*, de peur de ne plus être autorisé à aller jouer là-bas.

Lorsque les autres enfants à l'école parlent des raclées qu'ils reçoivent chez eux, personne ne veut croire que je n'en ai jamais reçu une seule. Ils pensent que comme mon père est général et qu'il a l'air plutôt strict, il doit me donner des raclées. Mais Frikkie sait que mon père ne me frappe jamais, parce qu'il a vu et entendu mon père nous parler quand nous avons fait une bêtise. Lorsque mon père est en colère, le petit muscle de sa mâchoire se met à tressauter et il n'a à dire les choses qu'une fois pour que je sache que j'ai intérêt à écouter.

Frikkie redoute mon père plus que n'importe qui d'autre. Plus encore que Brolloks, le professeur de l'atelier de menuiserie. Tout le monde dit que le père de Brolloks était le concierge qui a assassiné cette femme qui était proviseure de Jan-Van-Riebeeck. Il y a des années, le concierge de l'école a assassiné cette femme et a pendu son corps à une poutre dans la salle de dessin. On dit qu'il l'a attrapée entre l'atelier de menuiserie et la salle de dessin et qu'il l'a étranglée avec une corde à sauter. Et il s'est servi de la même corde pour la pendre à la poutre. Les femmes de ménage coloureds disent que, la nuit, son fantôme fait des apparitions dans le passage qui mène à la salle de dessin. Surtout quand le vent du sud-est souffle ou quand la brume descend de Table Mountain, ou quand le brouillard est suspendu au-dessus de Table Bay. Les Coloureds qui l'ont vue disent qu'elle reste là, silencieuse, à écouter la corne de brume dans la baie et à attendre le concierge.

Tout le monde dit que Brolloks est revenu pour laver les péchés de son père. Mais Frikkie trouve que Brolloks ressemble plus à un meurtrier qu'à quelqu'un venu faire pénitence. Brolloks donne des raclées terribles aux garçons, surtout s'il reste de la sciure sous l'établi à la fin de la classe. La classe de menuiserie est la seule pendant laquelle Frikkie se tait. Le jour où j'ai raconté ça à mon père, il a dit que c'était parce qu'il n'y avait pas de filles en classe de menuiserie et que Frikkie n'avait donc aucune raison de fanfaronner.

Lorsque nous jouons dans sa maison d'Oranjezicht, j'ai l'impression que Frikkie et moi nous conduisons bien plus mal qu'ici, à St. James. Si nous n'habitions pas près de la mer, je crois que nous passerions le plus clair de notre temps à Oranjezicht. L'autre raison pour laquelle nous passons la plupart des week-ends ici, c'est parce que ma mère ne veut pas que je m'incruste chez les Delport. Et mon père étant si souvent absent pour ses histoires d'armée, je dois être à la maison le week-end pour le voir. Donc, Frikkie doit venir ici si nous voulons passer le week-end ensemble – même s'il a tellement peur de mon père.

Je retrouve Frikkie à la gare de St. James. Il a apporté sa bicyclette parce que, parfois, nous prenons nos choppers pour aller jusqu'à Simonstown ou pour aller nager aux Boulders.

Après avoir déposé sa bicyclette et son sac à la maison, nous redescendons Main Road à pied jusqu'à Kalk Bay. Nous voulons voir ce que les bateaux de pêche ont ramené. C'est la bonne saison pour le *snoek* et ma mère nous a demandé d'en trouver un beau. J'espérais qu'on ferait un *snoek* à la braise pour le général ce soir, mais ma mère a dit qu'on n'avait pas le temps et que, de toute façon, on faisait déjà un *braai* demain soir. J'ai commencé à supplier ma mère de faire le *braai* ce soir parce que Frikkie et moi voulions faire un feu, mais elle a dit que c'était impossible quand mon père n'était pas là et que j'avais intérêt à ce que le *snoek* soit dans la cuisine quand Ilse et elle seraient de retour de la leçon de piano.

Maman achète d'habitude son poisson à Jan Bandjies qui le trouve à Simonstown. Mais la pêche a été bonne ces derniers temps et Jan ne trouve pas du poisson régulièrement. Quand la pêche est bonne, les pêcheurs n'ont pas à vendre le poisson pièce par pièce, parce qu'ils peuvent vendre toute la pêche à une poissonnerie ou à une usine.

Au moment où nous passons sous la voie ferrée en direction de la plage, près du métro de Kalk Bay, nous entendons une voix nous appeler : « Hé, Marnus ! Hé, Frikkie ! »

C'est Zelda Kemp qui arrive en trottinant. La maison des Kemp se trouve juste au-dessous des HLM où vivent les pêcheurs. Zelda a deux ans de moins que nous. Son père est contremaître à l'usine de poisson de Simonstown et elle va à l'école Paul-Greyling, à Fish Hoek. Maman est toujours désolée pour elle parce que les Kemp sont vraiment pauvres. Maman dit que c'est une tragédie de voir qu'une aussi jolie petite fille n'ait pas grand-chose à attendre de l'avenir. Ses parents n'auront jamais assez d'argent pour lui procurer une éducation digne de ce nom. Plusieurs fois par an, Maman rassemble des vieux vêtements d'Ilse et les fait porter par Doreen chez les Kemp, pour Zelda.

« C'est une honte qu'une petite fille aussi adorable ait à vivre dans ce quartier infâme, à côté des Coloureds », a dit Maman, un dimanche, alors que nous passions en voiture devant Zelda et ses frères rouquins qui attendaient le train pour aller à l'église. Les Kemp font partie de notre congrégation.

Comme toujours, Zelda a les cheveux tressés, attachés par des pompons bleus, et elle porte son chapeau. Elle le porte même pendant la semaine, à la différence de Maman et d'Ilse qui ne portent des chapeaux qu'à l'église. Aujourd'hui encore, Zelda porte une des vieilles robes d'Ilse. Elle est bien trop grande pour elle et elle ne cesse de glisser de son épaule.

« C'est la Zelda ! » dit Frikkie. « Fuyons ! » Et nous dévalons les escaliers, courons sous la voie ferrée et débouchons sur la plage. Zelda nous appelle encore, mais nous l'ignorons et courons sur la plage, le long du mur, que nous contournons jusqu'au quai. Nous nous arrêtons pour regarder et nous la voyons traverser la plage du côté des yachts. Elle court comme une folle pour nous rattraper, et la robe d'Ilse claque sur ses jambes comme un sac en plastique, et ses tresses volent derrière elle dans le vent. D'une main, elle maintient son chapeau sur sa tête.

Nous courons le long du quai en direction du phare tout au bout. La marée paraît très haute aujourd'hui et les plus grosses vagues déferlent par-dessus. Il n'y a pas beaucoup de pêcheurs à la ligne non plus.

« À quoi bon courir, on ne peut pas aller plus loin » dis-je, essoufflé, à Frikkie, une fois que nous sommes arrêtés devant le phare. J'ai les poumons brûlants d'avoir couru. Les vagues explosent contre le quai, le couvrant d'écume.

« Quand elle va arriver, dit Frikkie en essayant de retrouver son souffle, faisons semblant de la jeter à l'eau. Ça lui foutra une sacrée trouille ! » Et nous éclatons de rire.

La tête de Zelda surgit au bout du quai. Elle tient son chapeau à la main à présent. Elle court encore, mais elle s'arrête brusquement au moment où une grosse vague couvre le quai d'écume. Lorsque l'eau se retire, elle nous regarde, collés contre le phare, nous moquant d'elle. Puis, elle monte rapidement les escaliers jusqu'à ce qu'elle ne soit plus qu'à quelques pas de nous.

Elle est essoufflée et la rougeur de ses joues contraste avec sa peau blanche. Les frères de Zelda ont tous de grosses taches de rousseur sur le visage, mais elle a une peau d'une blancheur de papier.

« *Ja !* Vous avez cru que je ne pourrais pas vous rattraper, *nè* ? »

Frikkie imite sa voix grinçante : « Vous avez cru que je ne pourrais pas vous rattraper, *nè* ? », et les commissures de ses lèvres s'étirent comme chaque fois qu'il harcèle quelqu'un. Il continue en reprenant sa voix normale : « Qui dit que ce n'est pas nous qui t'avons rattrapée ? »

Pendant un instant, elle a l'air d'une personne qui ne sait pas ce qu'elle fait là. Elle remet son chapeau sur la tête et elle nous dévisage, comme si elle attendait que nous disions quelque chose.

« Laisse-nous tranquilles, Zelda, dis-je. Rentre chez toi jouer à la poupée. » Mais elle reste là et je sens que Frikkie est d'humeur sportive aujourd'hui.

« Jouons à la poule mouillée » dit-il.

Jouer à la poule mouillée consiste à se tenir du côté du phare exposé à la mer et à voir qui fuit le premier quand la vague se brise contre le quai. C'est un jeu dangereux, parce que si vous ne bougez pas assez vite, une des grosses vagues peut facilement vous envoyer valdinguer dans le port ou même vous aspirer au large.

« Non, je ne joue pas à ça » dit Zelda et elle se tourne pour s'éloigner de nous. Frikkie fonce vers elle et avant même qu'elle puisse l'en empêcher, il s'empare de son chapeau et revient en courant contre le phare. Elle saute sur place et crie pour qu'il le lui rende. Mais Frikkie l'agite en tout sens, comme s'il s'apprêtait à le jeter à l'eau.

Zelda continue à sauter sur place et supplie Frikkie de lui rendre son chapeau. Elle se rapproche, mais tombe presque à la renverse quand une vague s'écrase contre le quai entre elle et nous. Nous nous accrochons au phare.

« Viens le chercher ton chapeau. Viens ici. » Et il le tend vers elle. De son autre main, il s'appuie contre le phare.

« Ta mère, c'est Glenda Kemp, hein ? » crie Frikkie en direction de Zelda. Glenda Kemp est la strip-teaseuse qui se fait toujours arrêter par la police parce qu'on dit qu'elle fait des choses dégoûtantes avec les hommes. Elle a même été arrêtée l'autre jour parce qu'elle était en possession d'un python sans permis. La SPA et la police lui courraient après. Glenda Kemp n'est pas la mère de Zelda, mais celle-ci devient hystérique chaque fois qu'on la taquine avec ça.

« Danse un peu comme ta mère ! » crie Frikkie et il se met à onduler des hanches et à frotter le chapeau contre son ventre. Nous rions tellement que je dois m'appuyer contre le phare pour rester en équilibre.

« J'ai peur… l'entendons-nous dire par-dessus le bruit des vagues et du vent. Ah, Marnus… s'il te plaît, dis-lui de me rendre mon chapeau.

— Viens le chercher, dis-je. Il est à toi, tu n'as qu'à venir le chercher.

— Allez, ne sois pas si trouillarde ! Allez ! Les vagues ne sont pas si terribles que ça » crie Frikkie et il me tire par le bras jusqu'à ce que nous soyons de l'autre côté du phare, face à la mer.

À voix basse, je lui dis : « Aujourd'hui, c'est le jour où nous allons nous noyer.

— Tu viens, Zelda, ou tu veux que je jette ce chapeau ridicule à la mer ? » lance Frikkie à pleins poumons, et nous jetons un coup d'œil vers elle de l'autre côté du phare.

Elle est toujours en train de sauter sur place et elle s'est mise à pleurer. Je vois bien qu'elle est presque hystérique et j'ai envie de dire à Frikkie que nous devrions arrêter. Juste à ce moment-là, une horrible vague s'abat sur le quai à l'endroit où se trouve Zelda. Avant que quiconque puisse faire quoi que ce soit, la vague retentit comme un coup de canon sur le ciment, et nous entendons Zelda hurler à l'instant où elle disparaît sous l'eau.

Pendant quelques secondes, Frikkie et moi sommes sidérés. Nous restons pétrifiés, les yeux rivés sur l'eau qui tourbillonne là où sautait Zelda, il y a une seconde. Sans lâcher le phare, nous la cherchons du regard dans le port. Mais lorsque toute l'eau finit par se déverser, je l'aperçois.

Elle est couchée au bord du quai, là où la vague l'a projetée. Elle a les mains sur son visage et sa robe est remontée au-dessus de son ventre, dévoilant sa culotte et ses jambes blanches. C'est comme si quelque chose me disait : Frikkie et toi êtes responsables de la noyade de Zelda Kemp. Je lâche le phare et je secoue les mains en tout sens. Qu'est-ce que nous allons faire ?

Nous courons vers elle. En arrivant, je vois qu'elle est vivante, parce qu'elle bouge les lèvres ! Nous l'aidons à se relever et, en soutenant son corps trempé, nous courons jusqu'à l'endroit où le quai s'incurve vers le rivage.

Elle commence à pleurer et nous essayons de la réconforter. Je prends le chapeau des mains de Frikkie et je le rends à Zelda. Mais ses larmes ne cessent pas pour autant et elle s'accroupit sur le quai et fourre son visage entre ses genoux. Des hommes du marché au poisson viennent voir ce qui se passe et Frikkie leur dit qu'elle pleure parce que sa robe a été trempée. Ils nous recommandent d'être plus prudents et puis repartent vers les bruits du marché.

Au bout d'un moment, je vois que Frikkie perd patience avec Zelda et il lui dit : « Arrête de pleurer maintenant, Zelda. Sinon on va te laisser ici. Regarde, les *hotnots* se moquent de toi. »

Elle se calme un peu et, les yeux rouges de larmes, regarde du côté du marché. Frikkie s'éloigne, et Zelda et moi le suivons.

« Si j'avais perdu mon chapeau, j'aurais pris une raclée, dit-elle. Je dois le porter tout le temps pour ne pas avoir de taches de rousseur. » Je suis content qu'elle recommence à parler. « Je suis désolé », dis-je tout bas, afin que Frikkie ne puisse pas m'entendre.

Elle se remet à sangloter. Puis elle dit : « Je suis contente de déménager d'ici.

— Vous allez vraiment déménager ? dis-je, impatient, parce que j'imagine déjà le père de Zelda venant dire à mon père que j'ai failli noyer sa fille.

— À partir du début de l'année, Papa va travailler à la poste centrale. Mais il y aura aussi du travail dans les chemins de fer.

— Où vas-tu habiter ?

— À Woodstock. À côté du cinéma.

— Et... tu ne vas pas venir à Jan-Van-Riebeeck ? »

Elle secoue la tête et passe ses mains sur ses tresses pour les essorer. « Non, nous irons dans l'école qui est à côté de notre nouvelle maison. Je ne sais pas comment elle s'appelle. »

Frikkie marche toujours loin devant nous. « Tu vas raconter à ton père ce qui s'est passé avec le chapeau ? » dis-je, parce que je ne veux pas la laisser partir avant d'être sûr que ni mon père ni ma mère n'entendront parler de cette histoire.

Elle secoue la tête. « Je n'ai pas le droit de jouer sur le quai. »

Frikkie s'est retourné et dit : « *Saggies praat is duiwelsraad*. »

Au café grec, Frikkie et moi faisons demi-tour vers St. James et Zelda remonte la colline en direction de sa maison au-dessus des appartements des pêcheurs. À mi-parcours, sur le chemin du retour, je me souviens du *snoek*. Nous commençons par vouloir retourner, mais je dis alors que nous ferions mieux d'envoyer Doreen. Nous allons lui demander d'acheter en même temps des appâts pour nous.

Juste avant le dîner, Frikkie et moi sommes dans la cuisine avec Maman. Elle explique à Doreen comment préparer les légumes pour accompagner le *snoek*. Doreen faisait la tête quand je lui ai demandé d'aller chercher un *snoek* au port. Maman dit que Doreen se fait du souci pour Little-Neville. Il n'est pas arrivé avec le train de ce matin. Mais Maman dit qu'elle est convaincue qu'il n'y a rien d'alarmant ; Doreen s'est sûrement trompée de dates. Elle devrait retourner à la gare demain matin, mais pour l'instant elle ferait mieux de rester calme et détendue, parce que se faire du souci conduit uniquement à vieillir prématurément.

J'annonce à Maman que les Kemp vont déménager en ville et que Mr. Kemp va travailler à la poste et dans les chemins de fer.

« Quelle douce musique à mes oreilles » dit Maman et elle lève les yeux des roses et des petites fleurs blanches qu'elle est en train d'arranger pour la table du dîner. La lumière du coucher de soleil a donné une tonalité rose à la cuisine et les yeux verts de Maman paraissent plus verts que d'habitude.

« Au moins, la petite Zelda aura une chance d'aller à l'université à présent. Le gouvernement s'occupe bien des gens. » Maman dit qu'on peut tout vous enlever sauf votre éducation. C'est la seule chose dont on ne peut jamais vous déposséder.

Avant de nous envoyer prendre une douche, Maman ajoute :

« Nous avons un invité qui vient d'Amérique, Frikkie. Mr. Smith. Marnus et toi, vous vous servirez de notre salle de bains, ce soir, d'accord ? »

« *Ja, Tannie* » répond-il. Maman adresse un sourire à Frikkie et passe sa main dans ses cheveux.

« Bon, va prendre ta douche. Marnus ira quand tu auras terminé. Et Frikkie... n'oublie pas de bien te laver derrière les oreilles ! »

Pendant que j'attends que Frikkie ait terminé de prendre sa douche, le général et mon père arrivent. J'embrasse mon père et je dis bonsoir au général. Quand Frikkie a fini, mon père et moi prenons la douche ensemble.

La poitrine et le ventre de mon père sont couverts de poils et son John Thomas émerge d'un buisson noir. Un jour, après avoir entendu que les poils là en bas poussent plus vite quand on les rase, Frikkie s'est servi du rasoir de son père pour raser le duvet tout autour de son John Thomas. J'ai failli raser le mien aussi, mais Frikkie a eu une telle réaction qui le faisait se gratter comme un chien galeux que j'ai décidé de ne pas le faire. Et puis mon père aurait pu le voir quand nous prenons la douche ensemble, et il aurait bien ri et m'aurait trouvé bien stupide.

Au milieu du shampoing, mon père me demande : « Alors, dis à ton Papa, est-ce que ton petit bonhomme se dresse parfois, le matin ? »

Chaque fois que mon père me pose la question, je suis tout intimidé et donc je lui ris au nez sans vraiment lui répondre. J'ai vu celui de Frikkie surgir de son pyjama un matin, mais le mien ne le fait pas encore.

Mon père m'a appris à me sécher entièrement ou presque avant de sortir de la cabine de douche. Sans quoi on mouille le carrelage de la salle de bains et ça fait du travail supplémentaire pour Maman ou Doreen. Lorsque nous avons fini de nous sécher, nous attachons la serviette autour de la taille et je me peigne avec la raie sur le côté, exactement comme Papa.

*Il est impossible de dormir longtemps. Le bruit des hélicoptères vous tient éveillé. Même quand on arrive à s'assoupir, ils parviennent en quelque sorte à se faire entendre dans votre inconscient.*

*J'ai dû dormir un moment, parce que, au moment où je me réveille, je me souviens que j'ai rêvé. Moi et quelqu'un d'autre à cheval, en train de galoper dans le lit desséché d'une rivière. Nous poursuivions quelque chose sur le sable, mais je ne sais pas quoi. J'ai l'impression que nous étions en train de rire et je peux encore voir ses dents blanches contre sa peau sombre. C'est une impression étrangement familière et j'essaie de me souvenir, mais le bruit d'un hélicoptère, au nord de notre position, appelle toute mon attention.*

*Nous attendons toujours un ordre et de la nourriture. Nous allons pouvoir tenir encore deux jours, mais après ça il va nous falloir de nouvelles rations. Parfois, lorsque je me lève trop rapidement, le vertige menace de me faire retomber et il faut que je fasse un gros effort pour garder l'équilibre. Nous ne mangeons pas assez. Si le contact est imminent, il va nous falloir compter sur le moindre gramme d'énergie.*

*Je me touche les côtes à travers le treillis et je me rends compte pour la première fois à quel point l'os est proche de la surface. Je prends le petit miroir en métal dans ma poche à soufflet et je contemple mon reflet légèrement déformé : la poussière a donné à mes cheveux une couleur brune et terne. Je rapproche le miroir de mon visage. Sur le front et les joues, la suie noire a pénétré profondément dans les pores dilatés. Sous la barbe, je peux sentir l'os de la mâchoire saillir. Quand je relève le menton, je vois la protubérance de ma pomme d'Adam. La peau paraît curieusement blanche sous la barbe noire. Une poussière presque solide est incrustée dans les plis de mon cou. Pendant que je regarde mes yeux, une mouche se pose sur le bout de mon nez et je la chasse en soufflant une bouffée d'air chaud par la bouche. Je remarque deux poils noirs qui surgissent d'une narine et, d'un coup sec, j'en arrache quelques-uns. J'éternue immédiatement, projetant un nuage de poussière contre le miroir.*

*Je me lève et je m'éloigne de deux cents mètres du camp de base. À mi-chemin d'un de nos postes de garde, je m'arrête à l'ombre du tronc d'un baobab pour pisser. Ma R4 en bandoulière, je me soulage contre l'écorce lisse et je lève les yeux vers les branches étranges qui ressemblent à des racines à ciel ouvert.*

*Lorsque je baisse les yeux, je m'aperçois que j'ai toujours ma bite en main. Le gland, couvert par le prépuce, est un peu aplati sous la pression du pouce et de l'index. Se déroulant hors de la braguette, de longs poils noirs. Je fais un pas en avant vers le tronc et je balance le pelvis vers le haut. L'objet qui se trouve entre mes doigts a une couleur légèrement brune et il est couvert de rides minuscules. Quand je l'écrase un peu plus en le sortant davantage de la braguette, la veine bleu ciel qui court de la base au gland saille un peu plus nettement. Je vois la pulsation du sang à l'intérieur de la veine, mais je n'en suis pas sûr. Je tire le prépuce en arrière et le gland rose et humide surgit dans la lumière. Le prépuce complètement retiré, le cercle rose sombre autour du gland devient plus sombre encore, presque violet. Je peux voir clairement l'ouverture à l'avant et lorsque je redresse ma bite, l'ouverture ressemble à une petite bouche avec des lèvres minuscules en train de bâiller. Quand je retourne le gland, le dessous dessus, c'est comme si une colonne finement cousue courait de la base jusqu'à l'endroit où commencent les plis du prépuce replié et disparaissait dans la chair plus tendre. Je défais les derniers boutons de la braguette. Je glisse ma main dedans et je soulève les couilles pour les dégager. À cause de la traction, elles sont lisses et sans rides, comme la coquille d'un ormeau, et tout un réseau minuscule de veines colore la peau de différentes teintes. Ici, les poils sont plus clairsemés. À la base de chaque poil, il y a un léger renflement – murs miniatures autour de jeunes arbres pour retenir l'eau qui nourrit. Sous le poids dans ma paume moite, je sens la fraîcheur couler sous ma peau, et je les replace délicatement dans ma braguette.*

Avant le dîner, Papa présente à Frikkie le général, sous le nom de Mr. Smith. Pendant tout le repas, Frikkie et moi restons silencieux : il l'est toujours un peu quand mon père est dans les parages. Nous écoutons la conversation des adultes. Ilse veut faire son intéressante et elle a quelque chose à dire sur n'importe quel sujet. Il y a quelque temps, j'ai entendu mon père dire à ma mère qu'Ilse avait un peu pris la grosse tête depuis son retour de Hollande. Parfois, elle fait rouler ses yeux comme une petite dame quand mon père lui parle et je vois bien qu'il en a marre.

Papa raconte au général que le monde entier est ligué contre l'Afrique du Sud parce que nous avons tout l'or, tous les diamants et tous les minéraux. Nous contrôlons aussi la route maritime du Cap. Il dit que le monde se cache derrière cette histoire de Bantous – mais nous, au moins, nous n'avons pas tué tous nos Noirs comme les Américains ont tué leurs Peaux-Rouges et les Australiens leurs Aborigènes. Papa dit qu'on peut penser un tas de choses à propos des Afrikaners, mais personne ne peut dire qu'ils sont malhonnêtes. Nous ne nous cachons pas derrière nos lois, contrairement au reste du monde.

Papa dit qu'un des problèmes, c'est que les meilleurs Noirs ont été pris par les marchands d'esclaves. Le sang qui est resté en Afrique est le sang des Noirs les plus stupides – raison pour laquelle on ne peut trouver nulle part un Noir bien éduqué. A-t-on jamais entendu parler d'un Bantou qui aurait inventé quelque chose comme le téléphone, la roue ou le moteur à explosion ? Non. Papa dit que c'est parce que les Noirs les plus intelligents et les plus forts ont été expédiés en Amérique. L'Amérique a les Noirs les plus intelligents et elle pense qu'elle peut venir apprendre à la République comment traiter les nôtres. Le monde entier fait tout pour faire croire à nos peuplades primitives que la République leur appartient en fait.

Mais, dit Papa, nous avons une armée solide et tout autour de l'Afrique du Sud, il y a les colonies portugaises qui ne sont pas aussi hostiles à notre égard que le reste du monde. Papa a beaucoup de bons contacts à Lourenço Marques et à Luanda, où l'Afrique du Sud compte de bons amis. Papa va souvent en Angola et au Mozambique, mais en général nous sommes censés n'en parler à personne. Il va surtout à LM pour apprendre aux Portugais ce qu'il convient de faire avec les terroristes du Frelimo. Les terroristes violent les femmes, pillent les magasins et mettent des bombes dans les écoles pour tuer les petits enfants. Les terroristes obtiennent leurs fusils et leurs bombes grâce à la Russie.

Quand nous sommes chez Frikkie, nous écoutons LM Radio de temps en temps. Ils passent tout le temps de la pop music sur LM et ma mère ne veut pas qu'on en écoute. La pop music peut vous transformer en drogué. Avant d'être chassé du Ciel, Lucifer était l'ange de la musique et il est donc logique que les communistes se servent de la pop music pour renverser la République. Les Beatles ont même dit qu'ils étaient plus importants que Jésus. Les Beatles et Cat Stevens sont vraiment des instruments de Lucifer et de l'Antéchrist, mais l'humanité est trop stupide pour voir ce qui crève les yeux.

L'année dernière, juste avant qu'Ilse n'obtienne le prix pour aller en Hollande, nous sommes tous partis en vacances à Lourenço Marques. Papa devait voir des gens là-bas pour son travail et nous avons séjourné dans une vieille maison magnifique sur l'île d'Inhaca. La nuit, nous devions dormir sous des moustiquaires et on avait l'impression d'être en safari, même s'il n'y avait ni lions ni éléphants. Ilse et moi, nous avons nagé pendant des heures dans l'eau bleue et limpide. L'eau à LM est chaude et il n'y a pratiquement pas de vent. Pendant que Maman et Ilse bronzaient sur la plage, je faisais de la plongée sur les récifs ou bien je pêchais à la ligne.

Papa a pris un temps de congé pendant son travail et nous avons donc pu faire de la plongée en haute mer tous les deux. C'était peut-être les meilleures vacances que nous ayons passées. Un jour, quand nous étions en haute mer, Papa a attrapé un marlin bleu de plus de deux cent cinquante kilos. Nous l'avons suspendu entre deux palmiers sur la plage et Ilse a pris une photo de nous deux devant le marlin. Sur la photo, je lève les bras au ciel pour montrer que le marlin est plus grand que moi, même avec les bras levés.

Ils parlent tous portugais à LM. C'est drôle d'entendre des Bantous parler portugais et je ne pouvais pas m'empêcher de les dévisager. Le vieux Noir qui travaillait sur notre bateau s'appelait Agostinho. Il a essayé de m'apprendre les noms des poissons en portugais, mais la plupart d'entre eux étaient trop difficiles à retenir. Un soir, nous avons dîné dans un petit restaurant sous les palmiers et quand j'ai dit que le vieil Agostinho parlait portugais, Papa m'a expliqué qu'il y avait d'autres pays en Afrique où les Noirs parlaient presque tous le français. J'ai ri et j'ai dit que ce serait drôle si, un jour, Chrisjan, en travaillant dans le jardin, s'appuyait sur sa pelle et lâchait tout à coup quelques phrases en français.

Pendant que nous étions au Mozambique, mon père et ma mère se comportaient comme s'ils venaient tout juste de se marier. Ils marchaient en se tenant la main et, certains soirs, ils nous laissaient à la maison, pour aller faire de longues promenades sur la plage. Parfois, ils restaient pendant des heures et ne rentraient qu'une fois que nous étions couchés. Il n'y avait pas l'électricité sur l'île et donc Maman et Ilse ne pouvaient pas lisser leurs cheveux, qui sont devenus frisés, comme à Sedgefield quand on a passé toute la journée sur la plage. Avec ses cheveux bouclés qui lui descendaient jusqu'au milieu du dos et sa peau bronzée, Maman était plus jolie que jamais, plus jolie même que sur ses photos d'opéra, où elle a la peau blanche comme de la cire. Le soir, elle portait des robes longues et amples avec des motifs colorés, et elle ne mettait jamais de maquillage. Au cours d'une plongée, j'ai ramassé deux gros coquillages sur le récif et Maman a passé des anneaux dedans, et elle les a portés comme des boucles d'oreilles pendant toute la fin du séjour.

Un soir, pendant que mon père était à un rendez-vous de travail, Maman a dit que ces vacances lui faisaient penser à une seconde lune de miel. Puis elle nous a raconté que Papa et elle étaient allés aux chutes Victoria pour leur lune de miel et que c'était là qu'elle avait acheté son tout premier pantalon !

« Maman, tu n'avais jamais porté de pantalon pendant la tournée en Europe et en Amérique ? » s'est écriée Ilse, comme si elle était vraiment surprise, et Maman a secoué la tête en riant.

« Avant que je ne quitte l'Afrique du Sud pour l'étranger, Oupa Kimberley m'a sévèrement mise en garde contre les dangers diaboliques qui m'attendaient dans les ruelles de Paris, de Londres et de New York. Ni lui ni Ouma n'avaient jamais mis les pieds hors de l'Union et ils étaient fous d'inquiétude à l'idée de ce qui attendait leur fille aînée. J'avais chanté sur toutes les scènes d'Afrique du Sud à ce moment-là mais cela n'avait aucune importance à leurs yeux. » Le regard de Maman s'est perdu un instant sur les vagues qui déferlaient sur la plage au-dessous de la maison. « Mais les parents sont comme ça avec leurs enfants, je suppose. Nous nous convainquons que certains endroits à l'étranger sont plus dangereux que les nôtres. Peut-être que ça a à voir avec ce que dit toujours Sanna : "Mieux vaut prévenir que guérir". » Et nous avons ri d'entendre Maman citer une des sentences de Sanna Koerant.

« Papa était en uniforme quand tu l'as rencontré en Amérique ? » ai-je demandé.

Maman est restée silencieuse un moment. Puis elle a dit : « *Ja*, il l'était. Et dès l'instant où je l'ai vu, seul dans un coin de la pièce, j'ai senti que c'était l'homme de ma vie. J'avais tellement le mal du pays et quand ce jeune officier afrikaner, avec ses larges épaules et son beau visage, est apparu devant moi tel Lancelot, je suis tombée amoureuse presque immédiatement. J'ai terminé mon récital en chantant "Heimwee" de S. Le Roux Marais, et Papa a applaudi si fort que – si incroyable que cela paraisse – j'ai demandé à la personne qui m'accompagnait au piano de rejouer le même morceau pour un rappel. Vous pouvez le croire ? » Et Maman a ri si fort que sa voix magnifique a dû porter jusque de l'autre côté de l'île. Enfin, elle a ajouté : « Pendant que je chantais, j'ai pu voir sa nostalgie sur son visage, et je me suis dit : un homme en uniforme, qui peut être touché à ce point par la musique… Eh bien voilà ! »

« Il y a des troubles importants à présent dans les colonies portugaises, dit Papa. Nous ne pouvons pas savoir ce qui va se passer au Mozambique et en Angola. Si ces pays tombent, la seule chose qui puisse sauver l'Afrique du Sud, c'est notre Force de Défense. »

Les Russes veulent tout d'abord s'emparer du Mozambique et l'étape suivante, ce sera notre République avec son or, ses diamants et son platine.

Mais l'Amérique est tout aussi bête. Avec ses menaces de ne pas vendre d'armes et de munitions à la République, elle fait le jeu des communistes. L'autre jour, après que douze Noirs ivres ont été tués par la police dans la mine d'or de Western Deep Levels, certains pays ont déclaré qu'ils allaient cesser de vendre des armes à l'Afrique du Sud. Ils ne veulent tout simplement pas écouter quand Oncle John Vorster leur explique qu'ils ne comprennent pas vraiment les problèmes auxquels nous sommes confrontés dans ce pays. Papa dit que, de toute façon, ça n'a pas beaucoup d'importance ce que dit le reste du monde. Dorénavant, nous fabriquerons nos propres armes, des armes bien meilleures pour les conditions dans lesquelles nous nous battons, bien meilleures que celles que nous pouvons obtenir dans d'autres pays. Qu'est-ce qu'un Anglais ou un Français peut savoir des armes qui conviendront pour l'Afrique du Sud, franchement ? Personne ne peut comprendre ce qui se passe dans la République. Après que les Arabes nous ont coupé le pétrole, nous nous sommes débrouillés avec le SASOL et nous allons faire la même chose à présent pour fabriquer nos propres armes et nos munitions. Papa a dit la même chose un peu plus tôt cette année, quand il a parlé du rôle de l'armée au cours du festival Langenhoven à Jan-Van-Riebeeck. Cette année est le centenaire de la naissance de Langenhoven. C'est Langenhoven qui a écrit notre hymne national « Die Stem ». Comme mon père a été président des élèves à Jan-Van-Riebeeck et comme il est très haut placé dans la hiérarchie de la Force de Défense, l'école lui a demandé de faire un discours à cette occasion. Papa a construit son discours sur les mots employés par Langenhoven dans l'hymne national. Dans son discours, Papa a dit que Langenhoven était le poète bien-aimé de notre *volk*. Il a combattu pour les droits de la langue afrikaans face à l'impérialisme britannique. À la fin du discours, il a déclaré : « Le sang va peut-être continuer à couler, mais nous ferons de ce pays un lieu sûr pour nos enfants, même si c'est au prix de notre *sang*. Tout comme nos ancêtres ont eu confiance, ayons confiance nous aussi, Ô Seigneur. Que Sa volonté soit faite pour notre pays et pour notre peuple… car *le Seigneur Tout-Puissant décide*. » Tous les gens qui étaient dans la tribune au bord du terrain de rugby se sont levés pour ovationner Papa. Maman était aux côtés du Ministre. Lorsque tout le monde s'est levé, celui-ci s'est tourné vers Maman pour lui annoncer que s'il avait son mot à dire, Papa serait un jour membre du Cabinet, lui aussi.

Les autres pays peuvent continuer à faire le jeu des communistes, ça n'a aucune importance pour nous. Qu'ils écoutent des imbéciles comme ce vieux Kaunda en Zambie, s'ils veulent. Papa raconte cette histoire drôle d'un type qui a été arrêté l'autre jour à Lusaka pour avoir crié dans les rues : « Kaunda est fou, Kaunda est fou ! » Le type a été condamné à dix ans de prison – un an pour désordre sur la voie publique et neuf ans pour avoir divulgué un secret d'État ! Nous avons tous ri, sauf Ilse qui garde les yeux baissés vers son assiette. Il y avait, l'autre jour, un article dans *Die Burger* à propos du vieux Kaunda versant des larmes de crocodile en parlant aux journalistes de ce qui se passait en Afrique du Sud. Mais toutes ses larmes n'ont pas empêché les Français de construire le Mirage F-1 pour nous. Le F-1 vole à deux fois la vitesse du son et, en dehors de la France et de l'Espagne, la République sera le seul autre pays au monde à en avoir.

« En tout cas, dit le général, vous avez des amis au Chili. » Et mon père et lui se sourient.

« Et aux États-Unis » ajoute mon père, et ils éclatent de rire comme s'ils étaient en train de partager un secret.

Frikkie et moi, nous avons décidé de nous engager dans l'armée quand la guerre aura lieu. L'armée de terre, c'est mieux que l'armée de l'air ou la marine, là où s'engagent toutes les tapettes. En fait, ai-je dit, tous ceux qui s'engagent dans la marine ne sont pas des tapettes, puisque Oupa était dans la marine. Frikkie a alors répliqué : Pas tous, mais la plupart. Papa a dit aussi que la marine ne jouait pas un rôle très important, parce que l'ennemi va venir du nord et non pas de la mer. C'est sur les épaules de l'armée de terre que pèse le fardeau le plus lourd et c'est l'armée de terre qui va repousser les terroristes.

Je regarde le général et je me demande à quoi il peut bien ressembler en uniforme. Les invités étrangers de Papa ne portent jamais leur uniforme. Mais dans son grand album de photos, j'ai vu les uniformes gris des Chiliens. Certains des livres de Papa sur les armées étrangères sont dans des langues différentes. Mon préféré est celui qui a trois colonnes par page, en allemand, en français et en anglais, pour expliquer les photos en couleurs. Au sommet de chaque colonne, on peut lire : *Der bunte Rock*, Le Costume Militaire ou, en anglais, *Military Costume*. Le livre est rempli de photos très jolies des uniformes à travers les âges. Mon préféré est l'uniforme bleu ciel et blanc du Corps Royal des Archers de Bavière en 1854. Les Archers portent des casques chromés à plumes blanches et leurs bottes noires montent jusque sur les cuisses. Sur la poitrine, ils portent une grande étoile à quatre branches, dorée sur le bord et, sur les épaules, ils ont des épaulettes blanches à glands.

Je me demande si le général a fait la guerre, parce que Papa dit que le Chili est en guerre. Les communistes sont partout. Le général boit une gorgée de vin et, par-dessus le rebord de son verre, ses yeux me surprennent en train de l'observer. Il me sourit et je sens mes oreilles rougir. Toute la table me regarde pour comprendre pourquoi il sourit.

« OK, Marnus, dit Papa, vous deux, vous avez la permission de vous lever de table. » Et il explique au général : « Ils doivent se lever de bonne heure pour aller pêcher demain matin. S'ils font la grasse matinée, ils manquent la meilleure heure pour la pêche. » Papa sait que Frikkie et moi, nous allons pêcher le samedi matin, quand il passe le week-end ici.

Pendant que nous nous levons de table, le général ne me quitte pas des yeux et je dois détourner la tête. Puis il demande : « Alors tu es un pêcheur ?

— Un petit peu » dis-je et j'aimerais vraiment pouvoir quitter la salle à manger à présent, mais il continue à parler.

« Depuis le rivage ou en bateau ?

— Nous pêchons sur la plage de Muizenberg. Mais, de temps en temps, Papa nous emmène au large sur un bateau de la marine – un Namacurra.

— Peut-être que vous pourriez m'emmener un jour. » Il me sourit et jette un coup d'œil du côté de Frikkie. « Toi et ton ami. »

Je regarde Papa avant de répondre.

« Oui. Si vous voulez.

— Si nous avons le temps, dit Papa, nous pourrions aller mouiller une ligne demain matin, avant d'aller à Langebaan.

— J'aimerais bien. Ça ne vous embêterait pas qu'on vienne avec vous ? » Il nous regarde, Frikkie et moi.

« Non, vous pouvez venir. Nous n'avons que deux cannes. Mais vous pourrez utiliser la mienne. »

C'est la meilleure chose au monde, aller pêcher avec Papa, et je veux que le général voie ça.

« Bon, d'accord, nous vous retrouverons à Muizenberg demain matin. Nous viendrons dès que Mr. Smith sera levé. Nous ne resterons pas longtemps, parce que nous avons beaucoup de choses à faire demain. »

Pendant que Frikkie attend que j'aie embrassé mes parents pour leur dire bonne nuit, Papa lui demande : « Vous avez des appâts pour demain, Frikkie ?

— *Ja, Oom*, répond-il. Marnus a demandé à Doreen d'en rapporter du marché. » On a toujours l'impression que Frikkie est au garde-à-vous quand il parle à mon père.

« Bonne nuit, Mr. Smith » dis-je en me retournant vers lui au moment où nous sortons de la pièce.

« *Buenas noches*, jeunes gens » répond-il et il ajoute en souriant : « *Todos los chicos son iguales* », ce qui veut dire : les garçons sont tous pareils.

Alors que nous nous éloignons, j'entends Ilse lui demander de répéter la phrase et dès qu'il l'a fait, elle crie dans notre direction : « Todos los chicos son iguales ! »

« Je la déteste ! » dis-je dans un murmure à Frikkie pendant que nous prenons la direction de la salle de bains de mes parents pour aller nous brosser les dents.

« Je crois qu'Ilse est amoureuse de lui, dit Frikkie. Tu as vu comment elle le regardait ?

— Tu es dingue ! » Et un jet de dentifrice jaillit de ma bouche pour aller s'écraser contre le miroir.

Une fois dans ma chambre, je mets le réveil pour quatre heures du matin. Le meilleur moment pour pêcher, c'est avant le lever du soleil et il faut au moins trois quarts d'heure pour aller jusqu'à notre endroit à pied. Une fois que nous sommes en pyjama et couchés dans l'obscurité, je n'y tiens plus.

À voix basse, je dis à Frikkie : « Je veux te dire quelque chose. Mais tu n'as pas le droit de le répéter à qui que ce soit, jamais.

— Je te le jure.

— Promis ?

— Je te promets. »

Il fait très chaud ce soir et les fenêtres sont ouvertes. Chaque fois qu'une vague déferle, j'ai l'impression que c'est juste sous ma fenêtre. Le grondement du train de nuit se fait entendre et puis il n'y a plus que le bruit de la mer. Je m'apprête à parler et je pense alors à mon père. Je sais que je ne pourrai jamais le dire.

« Alors, vas-y. »

J'entends la voix de Frikkie en provenance de l'autre lit.

« Je ne peux pas. Je ne peux pas te le dire.

— Allez, mec. J'ai déjà promis. » Il s'impatiente.

« Non. Arrête. Je ne peux pas te le dire.

— Allez, Marnus. Je te dis toujours tout. »

Je me sens mal maintenant, parce que c'est mon meilleur copain. Il sait toujours garder un secret. Notre plus grand secret, c'est la fois où on a vu un Coloured s'accoupler avec une fille. Frikkie dit que ce n'est pas s'accoupler, mais baiser. On l'a vu dans les dunes près de Macassar, quand on est allés pêcher là-bas. Le Coloured était sur la fille et son Mister était à l'intérieur de son truc à elle. C'était la même chose que quand le chien de Frikkie, Chaka, s'accouple avec une chienne, sauf que la fille était couchée sur le dos, avec le type couché sur elle. Frikkie dit que c'est comme ça que font les gens. Nous avons décidé après ça que c'était notre secret et que personne ne pouvait le savoir. Notre autre grand secret, c'est les maths, mais nous savons que c'est un secret sans avoir besoin de nous le dire. Le père de Frikkie lui arracherait la peau des fesses s'il devait le découvrir, et Papa serait tellement déçu que je ne saurais où aller. Certains soirs, quand j'ai dit mes prières, quand je prie Dieu de me pardonner pour avoir laissé Frikkie copier sur moi, je me mets à penser à Papa découvrant le truc et je me promets de ne plus jamais laisser Frikkie copier sur moi. Mais quand je le vois assis en train de se gratter la tête avec son crayon, j'ai l'impression que ses petits yeux vont jaillir de sa tête à cause du souci qu'il se fait pour résoudre ses fractions, et je pousse mon cahier de maths vers lui, de l'autre côté de la table de la salle à manger.

Je sais que si je parle du général à Frikkie, je vais devoir prier pour d'autres choses encore. Je dis donc : « J'ai oublié ce que c'était.

— Menteur ! dit Frikkie. Tu ne peux pas commencer un truc et t'arrêter en plein milieu.

— Il faut dormir maintenant, Frikkie. Mon père va nous entendre. »

Pendant un moment, j'ai l'impression qu'il va cesser de me poser des questions, puis je l'entends traverser la chambre sur la pointe des pieds.

« Qu'est-ce que tu fais ? » dis-je dans un souffle.

La lumière s'allume et Frikkie, en pyjama, est debout près de l'interrupteur.

« Qu'est-ce que tu fais ? dis-je de nouveau, tandis que mes yeux s'habituent à la lumière.

— Où est ta Bible ? » demande-t-il et je pointe le doigt vers la table de nuit entre nos deux lits.

« Là. Mais qu'est-ce que tu veux faire avec la Bible maintenant ? »

Il s'approche de la table de nuit, puis s'assoit près de moi sur le lit. Il s'empare de la Bible et pose la main sur la couverture en cuir noir. C'est la vieille Bible que Oupa Erasmus a rapportée du Tanganyika.

« Je jure sur cette Bible que j'en parlerai à aucune âme » dit-il en me regardant droit dans les yeux.

Il attend que je dise quelque chose.

« Je ne peux en parler à personne ! » dis-je et j'aimerais vraiment que Frikkie cesse de me harceler. Papa ne me pardonnerait jamais. Papa dit que le fait que personne ne sache qui nous rend visite est d'une importance nationale. Papa m'a parlé d'un traître qui a été condamné à la prison à vie pour avoir vendu nos secrets.

Frikkie est toujours assis près de moi, à me dévisager et à attendre. Je ne sais pas ce qui m'a pris de parler. Ce devait être l'excitation à l'idée d'aller pêcher avec Papa et le général.

« Nous nous racontons tout parce que nous sommes destinés à être amis, poursuit-il. Tu es mon meilleur ami, Marnus. Tu ne peux pas agir comme ça, commencer à me dire quelque chose et puis t'arrêter brusquement. Des amis ne font pas des choses pareilles.

— Je ne te le dirai pas, dis-je en me tournant de l'autre côté, face au mur. Je ne peux le dire à personne. Pas même à mon meilleur ami. »

Il est silencieux à présent et je m'attends à ce qu'il se lève pour aller éteindre.

« Est-ce que tu me le diras si nous sommes frères de sang ? »

Je me retourne immédiatement.

« C'est quoi des frères de sang ? »

Il pose la Bible sur la table de nuit et m'explique : « Des gens deviennent frères de sang quand deux amis, deux meilleurs amis, mélangent leur sang et font le serment qu'ils seront toujours amis. Un serment comme celui des *Voortrekker*. Ensuite, ils doivent toujours s'aider l'un l'autre, et jurer de tout se dire, de ne jamais en parler à personne d'autre et même de sacrifier leur vie l'un pour l'autre.

— Où est-ce que tu as entendu parler de ça ? dis-je en m'asseyant dans mon lit.

— C'est dans la Bible. David et Jonathan étaient frères de sang, et Caïn et Abel aussi, je crois.

— Mais Caïn a tué Abel ?

— Alors ce n'était pas Caïn et Abel, mais quelqu'un d'autre. Mais je n'arrive pas à me souvenir qui. Jésus et les apôtres, je crois. »

Je n'ai jamais lu cette histoire dans la Bible, mais il y a plus de mille pages dans la Bible.

« Comment ils mélangent le sang ? » dis-je et je sors mes jambes de sous les draps.

« On attache un élastique autour du doigt, ensuite on le pique avec une épingle et le sang sort. Et on frotte les doigts l'un contre l'autre, dit-il en frottant ses index.

— Et puis ?

— Et puis on est frères de sang.

— Et le serment ?

— *Ja*, une fois qu'on a mélangé les sangs, on se met à genoux et on pose les doigts de sang sur la Bible. On prononce le serment et on devient frères de sang.

— À quoi ça ressemble le serment ?

— L'un de nous doit inventer le serment et l'autre le répète. À la fin, on dit Amen. » Frikkie me regarde avec ses yeux marron et il dit tout doucement : « Alors... tu veux être mon frère de sang ? »

Je ne sais que faire. Frikkie sait exactement comment s'y prendre pour m'amadouer et parfois j'aimerais qu'on ne soit jamais devenus si bons amis. Je reste assis à réfléchir et puis j'ai une idée.

« Ok. Mais seulement si je peux dire le serment et que tu le répètes après moi.

— Ok, dit Frikkie. Va chercher des élastiques. »

Je prends deux élastiques sur mon bureau. Chacun de nous l'entoure sur son index et la pointe du doigt devient presque immédiatement rouge.

« Je n'ai pas d'épingle… dis-je et je me tourne vers Frikkie.

— Va en chercher une, vite.

— Non, je ne peux pas descendre. Mon père croit que nous sommes déjà endormis.

— Où est ton compas ? » dit-il en me montrant son doigt qui tourne au bleu. Le mien a pris une drôle de couleur violette. Je fouille dans le tiroir et je trouve mon plumier. Le compas y est au milieu des stylos et des crayons.

« Plante-le dans mon doigt », dit Frikkie et il le tend vers moi. Il se ronge les ongles et toutes les petites peaux sont maintenant en saillie autour de l'ongle de son index.

« Fais-le toi-même, dis-je en lui tendant le compas.

— C'est toi qui dois le faire, sinon ça ne marche pas. Grouille-toi sinon nos doigts vont tomber. La circulation est complètement coupée. » Il me donne sa main pour que je la prenne dans la mienne. De ma main libre, je plante le compas dans son doigt qui ressemble à une mûre.

« Tu dois appuyer plus fort, sinon rien ne va sortir. Plante-le vraiment. »

Cette fois, j'appuie plus fort et Frikkie fait un bond en arrière quand la pointe s'enfonce profondément. « Aïe ! » grogne-t-il. « C'est trop, cette fois. » Presque immédiatement une goutte apparaît.

« Laisse-moi faire le tien, vite. Avant que le sang ne tombe du mien. »

Je tends le doigt. Je ferme les yeux quand il s'avance avec le compas. Je sens la piqûre et lorsque j'ouvre les yeux, il y a une goutte qui enfle sur la peau. Puis nous frottons nos doigts l'un contre l'autre jusqu'à ce que ce soit collant.

« Maintenant, nous devons prononcer le serment, dis-je et je me déplace vers la Bible.

— Enlève l'élastique ! Ton doigt va se détacher. »

Je pose la Bible sur mon lit et nous nous agenouillons côte à côte, nos deux doigts posés sur la couverture en cuir du livre. J'improvise un serment et Frikkie répète après moi :

« Nous jurons sur la croix de Jésus-Christ. » Et j'attends qu'il ait fini pour continuer.

« Que nous sommes désormais meilleurs amis.

— Que nous sommes désormais meilleurs amis, répète-t-il.

— Que jamais nous ne répéterons ce que l'un de nous a dit à l'autre.

— Que jamais nous ne répéterons ce que l'un de nous a dit à l'autre.

— Amen » dis-je et j'ouvre les yeux.

« Tu ne peux pas déjà dire Amen ! D'abord, tu dois dire que nous nous raconterons tout et que nous sacrifierons nos vies l'un pour l'autre. Ensuite, tu dis "Un pour tous et tous pour un", et seulement après Amen.

— Que nous nous raconterons tout, dis-je et il répète.

— Que nous mourrons l'un pour l'autre.

— Que nous mourrons l'un pour l'autre.

— Un pour tous et tous pour un.

— Un pour tous et tous pour un.

— Au nom de Jésus-Christ, notre Seigneur.

— Au nom de Jésus-Christ, notre Seigneur.

— Que Dieu nous terrasse si nous racontons à quelqu'un d'autre nos secrets. » J'ouvre les yeux pour regarder Frikkie. Il me jette un rapide coup d'œil et en me dévisageant, il répète :

« Que Dieu nous terrasse si nous racontons à quelqu'un d'autre nos secrets.

— Nous jurons sur la vie de nos mères…

— Marnus ! » s'exclame-t-il, mais je le force à répéter sinon nous ne serons pas frères de sang.

« Nous jurons sur la vie de nos mères… »

Puis nous disons Amen. Nous nous relevons et nous regagnons nos lits.

« Maintenant tu peux me le dire » souffle-t-il.

Je le regarde. Je ne suis pas encore sûr.

« Souviens-toi que Dieu va te terrasser si tu en parles à qui que ce soit. Et mon père nous mettra en prison tous les deux.

— Marnus ! Nous sommes frères de sang maintenant.

— *Ja*, je sais. Je te le rappelle, c'est tout. »

Et je commence à raconter à Frikkie Delport que Mr. Smith d'Amérique est en fait un général du Chili. Je lui parle aussi de tous les autres : les Allemands et les Chinois de Taïwan qui sont venus voir mon père. Je lui parle des Américains de la CIA, des quatre Israéliens qui sont venus au moins une fois par an et des colonels de la British Air Force. Et je lui dis que personne ne doit jamais rien en savoir.

« Pourquoi ?

— Parce que tout le monde déteste l'Afrique du Sud.

— Mais si tout le monde nous déteste, pourquoi ils viennent encore chez toi ?

— Parce que personne n'est censé savoir qu'ils sont en fait de notre côté. Les gens dans tous ces pays, on leur a lavé leur cerveau. Ils ne comprennent pas ce qui se passe vraiment ici. Si quelqu'un découvre que le général est chez nous, ils pourraient le tuer. Et l'Amérique et la Russie pourraient entrer en guerre contre le Chili.

— Mais l'Amérique et la Russie sont ennemies ! s'écrie-t-il.

— *Ja*, mais l'Amérique ne sait pas que les Russes se servent simplement d'eux pour s'emparer de la République. C'est ce que les Américains de la CIA disent à mon père. »

Nous restons assis à nous dévisager pendant un long moment. Je vois bien qu'il a du mal à s'imaginer être dans la même maison qu'un général aussi important.

« Donc, si quelqu'un l'apprend... ce sera la guerre ? » Je hoche la tête et je retiens mon souffle pour lui faire sentir à quel point c'est grave.

« Et l'Afrique du Sud se battra aux côtés du Chili ?

— Je pense. Papa dit que le service militaire ne va plus durer seulement neuf mois. Si nous nous battons contre le monde entier, il va falloir y aller pour bien plus longtemps.

— On devra rester dans l'armée combien de temps ? demande-t-il.

— Je ne sais pas, mais Papa dit que les choses sont en train de mal tourner dans le Nord. Ils ont même commencé à poser des bombes dans l'Afrique du Sud-Ouest. La situation est pire que lorsque mon père était en Rhodésie. Les communistes embrouillent le cerveau des gens, ce qui fait qu'on ne peut plus faire confiance à personne à la fin. J'ai entendu le général dire à Papa que les types au Chili, ils doivent faire l'armée pendant un an et demi. »

Nous restons assis pendant un long moment. Quand nous commençons à avoir sommeil, je me lève pour éteindre la lumière. J'ai soif et je demande à Frikkie s'il veut de l'eau. Il secoue la tête contre son oreiller. Puis il demande :

« Marnus, tu crois vraiment qu'il va y avoir la guerre ? »

Je hoche la tête. « *Ja.* C'est déjà la guerre. » J'éteins la lumière et je descends à pas de loup pour aller chercher un verre d'eau.

J'entends des voix en provenance du salon et je me glisse donc rapidement dans la salle de bains que je partage avec Ilse, où la lumière est allumée. Soudain, je vois le général devant moi. Je sursaute de peur et je me retourne pour repartir, mais il m'a sûrement vu dans le miroir parce que je l'entends dire dans mon dos : « Comment se fait-il que tu ne dormes pas encore, mon garçon ? » Il est légèrement penché au-dessus du lavabo et il me tourne le dos. Il me regarde dans le miroir. Il ne porte qu'une serviette autour de la taille et il a, zébrant toute la longueur de son dos brun, ce qui doit être la cicatrice d'une horrible blessure. Elle est presque aussi épaisse que mon bras et elle a l'air récente parce qu'elle est encore rose.

« Je voulais juste un verre d'eau... » dis-je et je fixe ses yeux dans le miroir.

« Eh bien vas-y » dit-il en se tournant vers moi, souriant.

J'avance vers le lavabo, mais il ne bouge pas. Je lève le regard vers lui, ne sachant pas très bien comment accéder au robinet.

« Tu me rappelles tellement mon propre fils, dit-il, les yeux baissés sur moi.

— Je ne peux pas m'approcher du robinet, dis-je en pointant le doigt vers le lavabo derrière lui.

— Oh, désolé » dit-il et il me laisse passer.

Je bois au robinet et lorsque je me retourne, il a disparu.

En rentrant dans ma chambre, j'appelle Frikkie pour lui parler de la cicatrice du général. Mais Frikkie dort comme une marmotte. Je reste éveillé à penser au général. Il est beau et je me demande si Ilse est réellement amoureuse de lui. Ces temps-ci, elle a la tête tellement pleine d'idées formidables que rien ne me surprendrait. Mais le général a presque le même âge que mon père et Ilse a à peine dix-sept ans ! De plus, il est marié puisqu'il vient de me parler de son fils. Mais que se passera-t-il si sa femme meure ou qu'ils divorcent ? Que le Ciel nous vienne en aide, si Ilse se fourre dans sa petite tête de partir pour le Chili !

*Le Recce estime à plus de dix mille le nombre de soldats cubains dans le sud-ouest de l'Angola seulement. Nous avons reçu l'ordre de ne pas divulguer à nos troupes la supériorité logistique et numérique de l'ennemi. Le moral s'enfonce un peu plus profond dans la poussière d'heure en heure. Les conscrits sont plus naïfs que jamais. Comme d'habitude, le QG est très préoccupé par tout ce qui peut leur arriver. Si un conscrit de plus est tué, la presse nationale va encore s'affoler.*

*Si la presse l'apprend.*

*Je me souviens de Xangongo, au Nouvel An 1984. Nous étions à deux cents kilomètres à l'intérieur de l'Angola et nous écoutions Voice of America. Puis, la voix de Papa s'est fait entendre sur les ondes et tout le monde m'a regardé. Il annonçait au monde entier qu'il n'y avait pas un seul soldat sud-africain en Angola. Le reste de l'interview était complètement inaudible à cause du rugissement des rires tout autour du poste de radio.*

*Le petit Anglais dans mon peloton, un conscrit de Durban, n'a plus que deux mois à faire. Il se morfond constamment à propos de sa famille et de sa petite amie. Parfois, il oublie que je suis dans les parages – du moins c'est ce qu'il dit. Ce matin, il racontait à tout le monde qu'il n'a jamais voulu faire son service militaire. Je me suis approché du groupe et j'ai dit :*

*« Tu avais le choix, espèce de tête de nœud. Tu avais le choix. »*

*Il a répondu : « Mais je ne me suis pas engagé dans l'armée comme vous, Lieutenant. Je fais mon service national et nous n'avons pas le choix, nous devons le faire, que nous le voulions ou non. Si nous refusons, nous faisons six ans de prison. » Et il m'a fait un petit sourire moqueur. Ils détestent les soldats de métier.*

*« Exactement, ai-je dit, tu avais le choix – comme moi – et tu as choisi la solution la plus facile. »*

*Il est resté silencieux.*

*À l'est de notre position, en direction de Xangongo, les chars cubains T-55 et T-64 rugissent comme si l'Afrique était leur cour de récréation.*

C'est une vraie lutte pour sortir du lit. Je dois tenir le réveil contre l'oreille de Frikkie avant qu'il ne se décide à se lever, les yeux bouffis à cause du manque de sommeil. Dans la cuisine, je fourre le sac d'appâts, des fruits, du pain et une flasque de café dans le sac de pêche de Papa. Les réverbères sont encore allumés dans Main Road. À l'exception de la mer, tout est silencieux. Il n'y a pas de voitures si tôt le matin et nous marchons au beau milieu de la rue. Derrière les Hottentots-Holland, le ciel commence à devenir gris. Dans une heure, le soleil va se pointer au sommet des montagnes et faire passer False Bay par toutes les couleurs.

La mer fait penser à un gros animal dont on entend la respiration de l'autre côté de la voie ferrée. Lorsque nous arrivons à proximité des escaliers de Carrisbrooke pour monter vers Boyes Drive, trois vieux Coloureds s'approchent de nous. Ils ont aussi leurs cannes à pêche sur l'épaule.

« *More Baas* » me saluent-ils quand ils nous croisent, partant dans la direction opposée. Ils font partie de la bande de Jan Bandjies.

L'*oupa-grootjie* de Jan Bandjies avait, lui aussi, l'habitude de pêcher dans la baie. À l'époque, ils avaient le droit d'utiliser des filets plus grands. Huit ou neuf générations qu'ils vivaient de la pêche. Mais à présent, comme partout, je suppose que le poisson se fait rare et seuls certains petits filets sont autorisés. Jan Bandjies avait l'habitude de dire que c'était I&J qui avait fait fuir le poisson de Kalk Bay et que les pêcheurs, un par un, mouraient de vieillesse. Jan ne veut pas non plus que ses fils deviennent des pêcheurs. Il les a tous mis en garde de ne pas s'approcher des bateaux. S'ils viennent à quai depuis Retreat pour une journée, il ne leur permet pas d'aller au-delà du quai de Kalk Bay. Il dit qu'il n'y a plus de vie dans la mer de toute façon, et que cela paraît impossible de croire les vieilles histoires sur le nombre de baleines prises chaque année dans Kalk Bay, autrefois, quand le port de Kalk Bay était encore à son stade initial. Il dit que, de nos jours, il est difficile de voir des baleines, parce que les Anglais ont massacré toutes les mères et leurs bébés, année après année.

Jan Bandjies et sa famille vivaient dans Kalk Bay autrefois. Mais ils ont dû déménager parce que les touristes du monde entier se plaignaient de la saleté des maisons des Coloureds. Le gouvernement leur avait donc construit des jolies maisons ailleurs. Seuls les pêcheurs qui avaient pu trouver de la place dans les HLM au-dessus de la maison de Zelda Kemp avaient été autorisés à rester. Et encore, pour quinze ans seulement. Donc, la plupart d'entre eux avaient déménagé au-delà de la voie ferrée, du côté de Retreat. De nos jours, quand Jan vient pêcher, il arrive à bicyclette. Il dit que ses ancêtres sont originaires de Java, mais ça fait rire mon père qui dit que Jan Bandjies n'est qu'un Coloured ordinaire du Cap – qu'il y est né et qu'il y a grandi.

Nous jetons un coup d'œil en passant à la maison de la vieille Mrs. Streicher. La lumière est allumée à la fenêtre d'une des pièces à l'étage et je dis à Frikkie que la vieille sorcière allemande est sûrement occupée à faire un truc pas net. Travail au petit matin, travail de requin. Tout est encore plongé dans l'obscurité dans la grande maison des Spiro. L'horloge de la gare de Muizenberg affiche quatre heures et quart.

Devant la poste, nous plongeons entre les bâtiments et nous descendons Beach Road, avant de marcher sur la plage.

« Il y a de nouveau des orphelins dans le Burger Strandhuis » dis-je en regardant dans la direction de la maison. *Die Burger* installe toujours des enfants de familles Afrikaans démunies dans la grande maison, afin qu'ils puissent faire l'expérience de véritables vacances. Certains enfants qui viennent ici depuis le Transvaal et l'État libre n'ont encore jamais vu la mer.

Papa ne lit que *Die Burger* et il est distribué chez nous tous les matins. Nous ne lisons pas le *Cape Times* ou *The Argus* parce que les journalistes qui y travaillent sont pour la plupart anglais ou étrangers et n'ont pas grandi ici, et se fichent pas mal de l'Afrique du Sud. Le *Cape*

*Times*, c'est de la pure propagande. C'est à cause de la propagande que mon père a refusé de laisser Tannie Karla revenir chez nous.

« Si mon père et ma mère mouraient, je ne voudrais jamais vivre dans un orphelinat, dit Frikkie. Je m'enfuirais.

— Moi aussi. »

Nous marchons en silence le long de Sunrise Beach, là où a été livrée la bataille de Muizenberg quand les Britanniques se sont emparés du Cap. Puis nous passons devant Die Vleie et nous arrivons à Sealrock.

Il n'y a encore personne sur la plage. Les mouettes et les martinets sont posés en groupes contre les dunes, la tête rentrée dans les épaules comme des vieux. Une fois que nous allons commencer à prendre du poisson, les mouettes vont rapidement devenir une nuisance. Aujourd'hui, c'est le jour où je vais tuer la mouette qui devient une nuisance.

« Nous devons essayer d'attraper quelque chose avant l'arrivée de mon père.

— *Ja*, dit Frikkie. La mer a l'air bien pour la pêche. »

Nous parlons à voix basse pendant que nous entourons le coton autour de l'appât. L'appât me brûle le doigt là où Frikkie a planté le compas, hier soir. Je jette un coup d'œil vers lui pour voir si le sien le brûle aussi, mais Frikkie n'en laisse rien paraître.

« Regarde, les chevaux ! » dit-il et je me tourne pour les voir approcher. Souvent, le matin, les chevaux de course viennent s'entraîner sur la longue plage. Ils galopent sur le sable, montés par des jockeys coloureds, et l'entraîneur va et vient sur la plage pour voir comment ils se comportent. Si les jockeys poussent un peu trop les chevaux, la voix de l'entraîneur tonne pour leur dire de ralentir. Les Coloureds ne sont pas de vrais jockeys. Ils ne montent que pour l'entraînement et, parfois, ils poussent vraiment trop les pauvres chevaux parce qu'ils ont envie de devenir jockeys et de monter en course. Les deux juments arrivent vers nous au petit galop, en passant le long des dunes, et les mouettes et les martinets décollent pour aller se reposer plus près de la mer. Un peu plus tard, l'entraîneur passe à pied. Nous lui disons bonjour et il hoche la tête dans notre direction. Il fume la pipe et porte des bottes en caoutchouc avec le pantalon à l'intérieur.

Nous avançons sur le sable mouillé pour lancer la ligne. J'ai la canne de mon père avec le Penn 500 et Frikkie a la mienne avec le Policansky que Papa a rapporté d'Amérique en plus de nos tenues de camouflage. Chrisjan a volé les deux moulinets de rechange que nous avions avant. À quoi sert de prendre soin de ses affaires si elles doivent être volées un jour ? Mais mon père est strict pour ce qui est de prendre soin de tout. Il préfère acheter quelque chose qui va coûter un peu plus cher, mais qui durera plus longtemps. *Goedkoop koop is duur koop*, dit toujours Papa. C'est une des leçons les plus importantes que lui ait transmise Oupa Erasmus. Ilse et moi devons donc prendre grand soin de nos affaires. Nous n'avons jamais été gâtés comme certains enfants de familles fortunées de Jan-Van-Riebeeck. Maman et Papa sont d'accord pour dire que les enfants à qui on apporte tout sur un plateau ne comprendront jamais la valeur de l'argent.

Ça ne mord toujours pas. Nous nous asseyons dans le sable et nous coinçons nos cannes entre les jambes. Je pense encore aux orphelins dans la maison sur la place de Muizenberg. Ce doit être la plus horrible des choses horribles que de voir mourir son père et sa mère. Quelquefois, quand ma mère me gronde pour une raison ou une autre, j'ai envie de m'enfuir de chez moi, surtout quand Papa n'est pas là. Je me souviens, un jour, je me suis dit que ce ne serait pas si mal si Maman mourait. C'était pendant que Papa faisait encore la guerre en Rhodésie.

Un autre jour, Maman est arrivée chez les Delport plus tôt que prévu. Gloria était seule à la maison. Lorsque Maman lui avait demandé où nous étions, Gloria avait répondu que nous étions allés nous promener en ville depuis des heures. Elle avait dit à ma mère qu'elle n'avait aucun contrôle sur nous et qu'elle n'avait jamais vu de sa vie des enfants aussi désobéissants. D'après ce que Maman m'a raconté par la suite, je suis sûr que ce faux jeton de Gloria a inventé un tas d'histoires, uniquement pour se venger de nous et de nos mauvais traitements. Quand Frikkie et moi sommes arrivés et que nous avons vu la Coccinelle de Maman garée devant le portail, j'ai su immédiatement que nous allions avoir des ennuis et j'ai essayé d'inventer un mensonge. Mais ma mère était tellement en colère que je n'ai même pas eu l'occasion de placer un mot. Après s'être garée devant le portail du lycée pour attendre Ilse, elle s'est mise à parler des millions d'enfants noirs qui attendent de pouvoir aller à l'école. Elle a dit que le jour où tous ces Noirs auraient de meilleures notes que moi, je pourrais tout aussi renoncer à entrer à l'université ou même à trouver un travail.

« Tu dois te mettre à étudier, mon garçon, sinon je vais te soustraire à l'influence de Frikkie, crois-moi. Ou bien est-ce que tu veux finir en classe B ou C avec cet imbécile de Van Eeden ? » Maman parlait tellement fort que les gens dans les autres voitures ont commencé à nous regarder. « Souviens-toi bien, a-t-elle continué, quand tous ces Noirs et ces Coloureds vont se mettre à étudier, les choses ne vont plus être aussi faciles que maintenant. Tu te retrouveras avec un emploi dans les chemins de fer – que ton père soit un homme puissant ou pas ! Et il y en a des millions qui attendent parmi les millions qu'ils sont. Ils se reproduisent comme des rats. Tu verras comme il est difficile d'avoir un avenir pour un Blanc qui n'est pas digne de ce nom. »

J'aurais voulu qu'elle se taise ! Les gens qui attendaient dans les autres voitures pouvaient entendre tout ce qu'elle disait. À côté de nous était garée cette snob de Mrs. de Vries, dont la fille était dans ma classe. Mais plus j'espérais que ma mère se taise, plus sa voix s'amplifiait. Je sentais mes oreilles rougir. Tout le monde pouvait l'entendre me gronder et, demain, toute ma classe serait au courant.

« Tu m'entends, Marnus ? demandait ma mère, en me jetant un regard furieux.

— *Ja* », ai-je répondu, en essayant de m'enfoncer dans mon siège pour ne pas être vu de Mrs. de Vries.

« *Ja*, qui ?

— *Ja*, Maman », ai-je dit en la fixant de mes yeux écarquillés, dans l'espoir de la faire taire avant que les enfants ne commencent à sortir. Mais ça n'a servi à rien et elle a continué de plus belle :

« Chaque jour de ma vie, je sillonne la ville pour toi. Chaque jour de ma vie est sacrifié à ton éducation dans la meilleure école. Et pourtant je n'obtiens rien en retour de ta part. Pas même un merci, espèce de chien ! Mais attends un peu, ton jour viendra. Crois-moi, ton jour viendra. »

Les enfants ont alors commencé à sortir et certains d'entre eux regardaient dans la Coccinelle en passant. À cet instant-là, j'ai tellement détesté ma mère que j'aurais voulu qu'elle meure. Mais, cette nuit-là, quand je me suis retrouvé seul dans mon lit et que le vent du sud-est soufflait quelque chose d'horrible, que les volets grinçaient et faisaient un bruit comme si quelqu'un avait marché sur le toit, j'ai pensé à Papa à la guerre en Rhodésie et j'aurais tant voulu qu'il ne soit pas dans l'armée. Je suis descendu et je me suis glissé dans le grand lit avec ma mère. Maman m'a pris dans ses bras de telle sorte que mon visage fût juste à côté du sien sur l'oreiller. Puis, elle a chanté tout doucement et dit que le vent du sud-est emportait sa voix jusqu'à Papa, tout au fond de la Rhodésie. Comme toujours, l'oreiller de Maman était chaud et il sentait l'Oil of Olay. Les narines remplies du parfum de ma mère, je m'endormais toujours très vite.

Le poisson, en mordillant l'appât, s'est mis à tirer sur le fil. Nous avons rembobiné au bout d'un moment pour remettre un appât frais. En dépit du coton, la morue de rocher a réussi à enlever l'appât de l'hameçon. Nous avons lancé de nouveau. Le ciel devenait rouge derrière les montagnes. Toute la montagne de Muizenberg vire au rose, le long de la côte, jusqu'à Fish Hoek. Il n'y a pas de vent, pas la moindre brise. Ça va être une journée chaude. Si seulement le poisson pouvait mordre avant que Papa n'arrive.

Toujours pas le moindre signe de Papa et du général. Nous plantons donc nos cannes dans le sable et nous nous asseyons pour surveiller les lignes. Je sais que mon père n'aime pas planter sa canne parce qu'on ne sent plus les tout petits coups. On peut donc facilement manquer le gros poisson qui ne va avaler l'hameçon qu'en partie. Le bon pêcheur, dit Papa, c'est celui qui est toujours en alerte.

Les chevaux repassent, cette fois en revenant de Muizenberg. Le sable s'envole sous leurs sabots et leurs bouches sont couvertes d'écume à cause des mors. Les jockeys sont dressés sur les étriers raccourcis, et leurs fesses montent et descendent dans l'air.

Puis le soleil surgit au-dessus des Hottentots-Holland et nous sommes éblouis en suivant du regard les chevaux qui disparaissent dans les rayons aveuglants. Soudain, comme par magie, tout change d'aspect. Le rose a disparu du ciel et l'eau a pris une couleur turquoise éclatante. Sur la montagne de Muizenberg, les gorges ont perdu leurs ombres et, au-dessus de Boyes Drive, on peut voir l'herbe verte des prairies et les taches des *fynbos* roses et blancs et les *proteas* orange en forme de pelotes à épingles. Juste au-dessus et jusqu'à l'endroit où le ciel rejoint l'horizon, c'est un grand dôme bleu, sans le moindre nuage. Quand il fait ce temps, Maman dit toujours que la main du Seigneur est posée sur False Bay.

« Qu'est-ce qu'ils font, ton père et l'autre type ? demande Frikkie.

— Je ne sais pas, dis-je en regardant vers l'autre bout de la plage, mais ils vont arriver. »

Je vois quelque chose au loin et je plisse les yeux pour distinguer ce que c'est, mais on dirait que c'est l'entraîneur qui revient. Dans la direction où les chevaux ont disparu, du côté de Voëlvei, on aperçoit la silhouette d'un autre pêcheur, mais on est trop loin pour voir s'il prend du poisson. Je verse du café dans nos gobelets en fer-blanc. Doreen a, elle aussi, un gobelet en fer-blanc dont elle se sert dans la cuisine, ainsi qu'une assiette et un couvert en fer-blanc. Elle range tout ça sous l'évier dans la buanderie avec ses vêtements de travail.

« Peut-être qu'on aurait dû apporter du *tjokka* pour appâter, dit Frikkie. Il y a une heure qu'on est ici et on n'a pas eu une seule touche sérieuse.

— La blanchaille, c'est ce qu'il y a de mieux pour la morue de rocher et le lieu jaune. Tu as déjà entendu dire qu'on pouvait attraper une belle morue avec du *tjokka* ?

— D'accord et pourquoi ça ne mord pas alors ? » dit-il. J'aimerais tellement qu'il soit plus patient. Les bons pêcheurs sont patients. Frikkie s'impatiente pour tout.

Il fait vraiment jour maintenant, mais toujours pas le moindre signe de Papa ou d'une touche sérieuse. Au moment où Frikkie et moi nous apprêtons à nous lever pour chasser une bande de martinets, il y a une touche sur ma ligne. Mais avant que je puisse m'en emparer, ma canne bascule dans le sable et elle est entraînée vers la mer.

« Ça y est ! » hurle Frikkie et nous courons après la canne qui est presque dans l'eau.

« C'est un sacré morceau ! » Je crie en ramassant la canne et en sentant le poids à l'autre bout. La ligne siffle quand je débloque le moulinet.

« Remonte ! » hurle Frikkie pendant que je sors de l'eau à reculons.

« Ce doit être le plus gros poisson de la baie ! » J'essaie de remonter du fil.

« Remonte ! crie Frikkie. Remonte-le, Marnus ! » Mais chaque fois que j'essaie de le remonter, le poisson me ramène vers le bord de l'eau. Il essaie de repartir au large. Je finis par me retrouver avec l'eau jusqu'aux mollets. Si je tombe dans un trou, je vais perdre le poisson et la canne.

« C'est un marlin » crie Frikkie pendant que je réussis à revenir sur la plage et à planter mes pieds dans le sable.

« Tu es dingue ! Les marlins ne s'approchent pas de la plage » dis-je en essayant de reprendre mon souffle.

En l'espace de quelques secondes, je suis de nouveau dans la mer, avec de l'eau jusqu'à la taille cette fois. J'ai peur de perdre la canne et je lâche autant de fil que je peux.

« On dirait un requin, ils se comportent comme ça. » Je crie par-dessus mon épaule en direction de Frikkie. J'ai le dos en feu à cause de la tension dans les bras pour essayer de redresser ma canne.

« Sors de là ! » hurle Frikkie quand il me voit m'enfoncer un peu plus dans l'eau. Je baisse la canne pour laisser mes bras se reposer un peu et quand je la relève, l'extrémité se plie comme si le fil allait casser.

« Sors de là ! hurle de nouveau Frikkie. Il t'emmène avec lui.

— Je ne peux pas ! Si je tire trop fort, la ligne va casser ! » Je sens les muscles se nouer dans mon dos. Je ne sais pas combien de temps je vais pouvoir tenir. Chaque fois la ligne ramollit, je la remonte à toute vitesse, et je recule vers la plage. Pendant quelques instants, j'ai même l'impression de l'avoir perdu, mais soudain la ligne se tend et je suis de nouveau entraîné. Mes bras ne vont pas tenir le coup très longtemps et je change de main, remontant de la main gauche et tenant la canne de la droite.

Très vite, mon bras droit est épuisé. J'appelle Frikkie pour qu'il vienne m'aider. Nous avons de l'eau jusqu'à la taille. Il me remonte par la taille et nous parvenons à regagner la plage. Dès que nous sommes sur le sable, Frikkie dit :

« Remonte-le maintenant.

— Je ne peux rien remonter. La ligne est tendue. T'as pas idée du poids de ce machin !

— Laisse-moi essayer.

— Non, c'est mon poisson. Je sais ce que je fais. » Mais avant même de m'en rendre compte, je suis de nouveau dans l'eau avec les vagues qui déferlent autour de ma taille. Frikkie crie depuis la plage :

« Tu vas te noyer, putain, et perdre ta canne en plus ! » Il dit « putain » quand il est vraiment furieux. Mais je l'ignore la plupart du temps.

« Fous-moi la paix, Frikkie ! » Je l'engueule, même si je sais que je ne vais pas pouvoir le remonter tout seul. Deux fois encore, Frikkie m'aide à revenir sur la plage. Je commence à avoir les jambes fatiguées et tremblantes, et j'ai l'impression d'avoir les mains déchiquetées par la canne. Il vaudrait peut-être mieux partager le poisson avec Frikkie – plutôt que de le perdre complètement. Ou de perdre la canne de Papa.

« Mon père n'arrive toujours pas ? » Je crie sans me retourner. Papa me dirait comment remonter ce poisson. Frikkie me répond qu'il ne les voit pas arriver.

Il faut que je me repose. J'ai l'impression que mes bras sont sur le point de rompre et, chaque fois que je change de main, je les sens tant trembler que je dois fournir un effort supplémentaire pour les serrer de nouveau sur la canne. Je ne fais aucun progrès. Chaque fois que je remonte du fil, je dois le rendre de nouveau, pour empêcher la canne de tomber sous l'eau. Je ne peux pas laisser Frikkie me remplacer. S'il prend la canne, ça voudra dire que nous avons pris le poisson à deux et ce ne sera donc pas le mien. Mais j'en suis au point où je ne peux pas m'empêcher d'admettre que le poisson est plus fort que moi. Peut-être que Frikkie peut me remplacer un petit moment, juste le temps de reposer mes bras et mes jambes.

« Viens prendre la canne un moment » dis-je. Au moment où il la prend, je sais que je vais le regretter. Le poisson est à nous deux désormais, même si c'est moi qui l'ai ferré.

Quand Frikkie annonce qu'il va donner une bonne leçon à ce poisson, je le préviens qu'il va avoir des ennuis s'il le perd.

« Ne plie pas la canne comme ça ! » Je suis à côté de lui, mais je hurle. « Elle va casser ! Frikkie ! » Les vagues déferlent autour de nous, nous avons de l'eau jusqu'à la taille et j'ai les mains en feu. Elles ne cessent de trembler.

Le poisson s'est mis à nager latéralement et nous pouvons le suivre en allant et venant le long de la plage. On a l'impression de ne pas gagner un mètre de ligne et le moulinet ne cesse de siffler parce que le poisson continue à prendre du fil. J'imagine le poisson s'en aller avec cent mètres de fil dans la bouche.

« Tu as intérêt à ne pas perdre ce poisson, Frikkie Delport ! Remonte quand la ligne ramollit ! Fais gaffe ! » Je crie parce que j'ai l'impression qu'une grosse vague va le renverser. Mais il saute sur place avec la canne au-dessus de sa tête et quand ses pieds touchent le fond de nouveau, il remonte du fil à toute vitesse.

« Je vais ramener ce salopard maintenant » marmonne-t-il et le bout de la canne plie et disparaît sous la surface de l'eau. Je lui crie d'être plus prudent et ma voix devient étrangement rauque. Quand Frikkie parvient à revenir sur la plage, ses mains tremblent déjà et il a les épaules penchées en avant. Il change de main.

La plage est toujours déserte, mais je redoute de voir mon père et le général arriver alors que Frikkie a la canne en main.

« Laisse-moi la reprendre » dis-je et il est trop fatigué pour discuter.

J'ai l'impression que le poisson commence à fatiguer et je remonte du fil. Quand il repart, le poisson ne file pas droit, mais zigzague en tous sens. Frikkie s'effondre sur le sable pour se reposer et il m'envoie des ordres sur la façon de remonter le poisson. Il dit que c'est soit un phoque soit une baleine, et je réponds en marmonnant qu'il est idiot, qu'il ne connaît rien aux poissons.

« Si c'était un phoque, nous l'aurions déjà vu depuis bien longtemps, ils ne peuvent pas rester sous l'eau autant de temps. Et les baleines ne viennent pas en eaux peu profondes. C'est une grosse morue ou un requin. Les requins nagent comme ça.

— Mais les gens ne mangent pas de requin, alors qu'est-ce qu'on va en faire ?

— On va le donner à Doreen, les Coloureds en mangent. »

J'ai de nouveau les bras épuisés et des douleurs dans tout le dos. J'ai envie de casser la ligne exprès, parce que je ne veux pas que ce soit Frikkie qui ramène ce poisson. Il fait tellement chaud maintenant, la sueur coule dans mes yeux et je dois l'éponger avec l'avant-bras.

Je suis à deux doigts de repasser la canne à Frikkie, quand nous voyons arriver Papa et le général. Et c'est comme si je retrouvais des forces. Je n'essaie plus de passer la canne d'une main à l'autre, mais de la garder dans une seule.

« Sors de l'eau, Marnus » crie mon père depuis la plage. Mais je ne peux pas bouger et la canne est pliée jusqu'à la surface.

« Baisse ta canne, Marnus. Garde-la droite et remonte du fil.

— Je ne peux pas, Papa. Il est trop fort » dis-je par-dessus mon épaule. La ligne ramollit et je crois l'avoir perdu. Je remonte du fil à toute vitesse et je reviens à reculons sur la plage. Et de nouveau il tire, la canne se plie, et il m'entraîne dans l'eau.

« Mets la canne à plat ! » crie mon père et je me baisse en essayant de la garder parallèle à la surface. Mais je suis tellement fatigué à présent que je ne vais jamais pouvoir la relever. J'ai les bras et le dos ankylosés, et la sensation de brûlure dans les muscles a disparu. Mes bras tremblent et je ne peux rien y faire.

« Ça fait combien de temps que tu te bagarres ? » crie Papa.

Je me tourne pour dire que ça fait presque une heure et Papa crie de ne pas quitter la canne des yeux. « Il se bagarre depuis une heure ou presque » dit mon père au général.

« C'est pas mal. Tu sais ce que c'est comme poisson ?

— Je pense que c'est un *geelstert* ou peut-être un requin » dis-je avec difficulté parce que je suis tellement fatigué.

« Un lieu jaune » traduit mon père, avant de me dire : « Ne le laisse pas s'amuser avec toi comme ça, Marnus. Sers-toi de ton moulinet. »

Maintenant je préférerais qu'ils ne soient pas venus. J'ai tellement peur de perdre le poisson ou de ne pas être assez fort pour le ramener. J'ai de nouveau de l'eau jusqu'à la taille. Papa me crie de sortir. Mais je ne peux toujours pas bouger, mes bras et mes jambes sont un poids mort. La voix de mon père, en afrikaans à présent, me parvient depuis la plage : « Marnus, reviens sur cette plage, toi et ton poisson ! *Hoor jy my ?* »

J'entends la colère dans sa voix, mais je ne peux rien y faire. Chaque fois que je remonte du fil, il m'entraîne un peu plus loin. Je ne peux plus demander à Frikkie de m'aider, mais mes bras ne vont pas tenir très longtemps.

« Je n'en peux plus, Papa » dis-je sans me retourner. Je redoute de me mettre à pleurer.

« Qu'est-ce que tu as dit ? crie Papa.

— Je ne peux pas le sortir, Papa.

— Ressaisis-toi, Marnus ! Redresse-toi !

— *Ja*, Papa. »

Je vois à présent qu'il y a pas mal de fil sur le moulinet, mais mon poignet ne parvient plus à le tourner. Pour autant que je sache, le poisson est encore à un kilomètre au-delà des vagues qui déferlent. Si je change de main maintenant, je vais lâcher la canne. Tous mes muscles sont tétanisés et je suis aussi raide qu'une statue de sel. Les choses commencent à devenir floues, comme quand on court beaucoup à l'entraînement de rugby, ou quand on garde les yeux ouverts sous l'eau pendant trop longtemps. J'ai l'impression qu'une vague pourrait me renverser à tout moment et que je serai trop épuisé pour nager. Derrière moi, j'entends les voix de mon père et du général. Je ne comprends pas ce qu'ils disent et leurs voix me font l'effet de sortir des vagues.

Soudain, mon père est à côté de moi dans l'eau. Il pose sa main sur mon épaule. « Marnus, il faut que tu te ressaisisses maintenant et que tu ramènes ce poisson. » Je ne peux pas le regarder, mais j'entends qu'il est en colère.

Ma main lutte avec le moulinet et encore une fois le fil repart en sifflant. J'attends que mon père me parle de nouveau. Je sens qu'il a les yeux fixés sur moi, mais il ne dit pas un mot de plus.

Lentement, je me mets à rembobiner. De temps en temps, le poisson me fait faire quelques pas de plus en avant, mais je sens qu'il se rapproche. J'oublie la fatigue de mes bras et je continue à remonter du fil. Des larmes commencent à couler sur mes joues et je n'arrive pas à les retenir. Le poisson me donne un peu de mou et je recule. Papa reste près de moi. En avant et en arrière.

« Aide-moi, Papa », dis-je, même si je vois la ligne disparaître juste derrière les déferlantes. Le poisson ne peut pas être à plus de dix mètres.

« Recule, dit mon père. Remonte sur la plage et arrête de pleurnicher. Mr. Smith et Frikkie te regardent. »

Je me mords la lèvre et j'essaie de retenir mes larmes, mais je n'y parviens pas.

« *Ja*, Papa » finis-je par répondre et je réussis à ne plus pleurer. Où est ce poisson ? S'il vous plaît, laissez-moi prendre ce poisson, s'il vous plaît. Je prie, en sentant mes épaules s'affaisser un peu plus.

« OK, dit mon père. Maintenant, tu dois commencer à relever ta canne et à remonter la ligne en même temps. Vas-y ! Relève cette foutue canne et remonte la ligne en même temps. Garde ton fil bien tendu, sinon tu vas le perdre ! »

Finalement, nous revenons vers le bord et je suis en train de remporter le combat.

Soudain, le requin est dans la vague devant nous.

À l'instant où la vague déferle, nous pouvons le voir : c'est un gros requin de sable. J'entends des voix excitées derrière moi. Je remonte le fil avec toute la force qui me reste, mais le poisson ne me laisse pas reculer. À la vague suivante, je le revois, secouant sa grosse tête d'un côté et de l'autre, essayant de se débarrasser de l'hameçon. Mon père hurle dans mon oreille : je dois garder la ligne tendue, sans quoi je vais le perdre.

Puis, comme un sous-marin qui fait surface, il surgit hors de l'eau avec la vague suivante. Sa peau lisse scintille sous le soleil et au moment où la vague déferle, il m'entraîne avec lui. Puis, il fonce en direction de la plage. La ligne se détend pendant une fraction de seconde et, l'instant d'après, l'hameçon vole dans le ciel. Le requin disparaît derrière les vagues.

Je suis debout dans l'eau peu profonde et tout à coup la canne paraît légère dans mes mains. Collé au sable, je fixe du regard l'endroit où il se trouvait, il y a encore quelques secondes.

« Il t'a battu » dit mon père.

Pour la première fois depuis qu'il est venu dans l'eau à mes côtés, je lève les yeux vers lui. Mais il s'est déjà retourné et s'éloigne. Sa silhouette se découpe à contre-jour, le soleil étant bien haut à présent. J'essaie d'apercevoir son visage, mais la lumière est trop intense pour mes yeux. Je suis aveuglé pendant un instant et je commence à remonter la ligne jusqu'à ce que l'hameçon se balance devant moi et que je l'entende cliquer contre le sommet de la canne.

Pourquoi ne m'a-t-il pas aidé ? Si seulement il m'avait aidé quand le requin s'est approché, je ne l'aurais jamais perdu. Comme un chien furtif, il est venu tout contre moi et juste au moment où j'ai cru que le poisson était à moi, il s'est tiré et m'a laissé là comme un abruti avec la ligne qui pendait, sous les yeux du général. Si seulement il m'avait aidé, tout se serait passé différemment.

Je ne veux pas me retourner. Sous la sueur, je sens mes oreilles rougir. Elles doivent ressembler à des betteraves, vues de derrière, mais je m'en fiche complètement. Je marche à reculons jusqu'à ce que je sente le sable sec sous mes pieds. Je n'ai pas envie de me retourner. Je l'entends dire qu'ils devraient y aller. Il faut qu'ils aillent se changer avant d'aller chercher le général de brigade Van der Westhuizen.

Après leur départ, je me retourne et je marche jusqu'au sac de pêche où m'attend Frikkie. Ni lui ni moi ne parlons. Frikkie verse du café dans un des gobelets en fer-blanc et me le passe. Je m'assois pour boire, mais j'ai à peine la force de soulever le gobelet. J'ai les bras en plomb et mes larmes se remettent à couler. Je me fiche pas mal que Frikkie le voie, même si lui ne pleure jamais. Les larmes coulent dans le café fumant. J'ai le regard fixé sur la mer et j'aimerais... Mais avant même que je puisse y penser, je me souviens des orphelins dans la maison sur la plage et je bois mon café en essayant de penser à autre chose.

Plus tard, Frikkie dit : « Tu sais, tu as vraiment failli l'avoir ce putain de requin.

— Failli, putain, dis-je. Frikkie, tu avais déjà senti un poids pareil sur une ligne ? »

Il secoue la tête et répond : « Je te jure, je pensais que c'était une baleine au début, mais comme tu l'as dit, elles ne viennent jamais aussi près de la plage. »

Nous ramassons le matériel de pêche pour rentrer à la maison.

Le soir, une fois la lumière éteinte, Frikkie me demande pourquoi le général parle espagnol s'il est du Chili. Je dis que je ne sais pas, mais je crois que le Chili appartenait à l'Espagne autrefois. Tandis que nous bavardons, je me souviens de ce que j'ai vu la veille dans la salle de bains et je parle à Frikkie de la cicatrice dans le dos du général.

« Comment tu crois que c'est arrivé ? » demande-t-il et je dis que ça a dû se passer pendant la guerre du Chili. On dirait que c'est un obus de mortier ou un truc dans le genre qui l'a brûlé et a laissé cette cicatrice dans son dos.

« J'aimerais la voir » dit Frikkie.

Je réfléchis un moment, couché sur le dos, et puis je suggère que nous roulions le tapis pour l'espionner à travers les trous dans le plancher.

Nous nous déplaçons prudemment pour éviter de faire craquer le plancher. À plat ventre, nous nous succédons pour regarder dans la chambre d'amis. À l'étage au-dessous, le général est debout et regarde par la fenêtre. Il est entièrement nu. Il nous tourne le dos. S'étendant de l'épaule droite à la hanche opposée, nous pouvons voir la cicatrice, tortillant comme un serpent. Nous l'observons en silence. Même s'il y a une grande distance entre lui et nous, je retiens mon souffle.

« Tu vois ses muscles ? » murmure Frikkie et je me décolle du trou pour mettre un doigt sur ma bouche. Frikkie veut le revoir une seconde fois, et puis nous roulons le tapis tout doucement, avant de nous recoucher.

« Tu as vu ces bras ? murmure Frikkie.

— *Ja*, dis-je, plus fatigué que je ne l'aie jamais été de ma vie, mais ceux de mon père sont encore plus gros. » Juste avant de m'endormir, je pense à Jan Bandjies qui m'a dit un jour que l'histoire de Jonas avalé par un poisson était peut-être vraie, mais qu'il ne s'agissait sûrement pas d'une baleine. Parce que, avait dit Jan, les baleines ont beau être grosses, leurs gorges sont minuscules. Jamais Jonas n'aurait pu glisser dans la gorge étroite d'une baleine, nom de Dieu.

*Un des lieutenants a été tué hier quand un T-54 a touché un Ratel. Le QG ne précise pas combien d'autres soldats ont été blessés au cours de l'attaque. Il y a un an, celui qui est mort était un de mes élèves-officiers du cours de l'École d'Infanterie. Au feu et à l'engagement, personne ne pouvait l'égaler. Il parlait afrikaans avec un fort accent anglais, mais toujours est-il qu'il le parlait. Pendant les exercices de commandement de section et de* Vasbyt, *il était dit qu'il deviendrait un des meilleurs officiers de la classe. Il était difficile de croire qu'il n'avait que dix-huit ans. Parfois, j'étais même un brin jaloux de ses inspections parfaites et de ses brillants 2,4. Un jour, je lui avais demandé comment un* Soutpiel *pouvait courir un 2,4 tout harnaché,* staaldak en geweer, *en moins de sept minutes. Il avait ri et dit que je devais garder en tête le fait que les* Soutpiel *n'étaient pas tous des sous-produits.*

*Cent mille rands de formation plus tard et il semble qu'il ne reste pas grand-chose pour les justifier. Je pense à ses parents qui ne savent pas encore qu'il est mort. Il est possible qu'ils n'aient jamais su qu'il était ici.*

*Mais Papa sait que je suis ici. Je me demande, s'il devait m'arriver quelque chose, combien de temps il faudrait pour qu'ils le lui apprennent ? Immédiatement, sans doute. Et comment l'annoncerait-il à Maman ? Garerait-il sa voiture dans l'allée, jetterait-il un coup d'œil vers la baie et puis gravirait-il lentement les escaliers de la véranda, en pesant les mots qu'il allait employer ? Ou bien a-t-il déjà répété l'exercice mille fois ?*

*Mais pour celui dont la vie a pris fin hier, ses parents devront attendre. Et ils ne sauront jamais ce qui est arrivé à leur fils.*

Frikkie laisse sa bicyclette chez nous, parce qu'il va revenir dormir ici le jour de la fin de l'école, après-demain. Le Chopper n'entre pas dans la Coccinelle de toute façon. Doreen en profite pour descendre en ville avec nous. Frikkie et elle sont assis à l'arrière, et elle est muette comme une carpe. Elle n'a toujours pas de nouvelles de Little-Neville. Elle va retourner à la gare pour voir s'il arrive aujourd'hui. Elle a une vieille valise de Maman sur les genoux, parce que si Little-Neville n'est pas à la gare, elle veut aller à Touwsrivier pour savoir ce qui se passe. Doreen ne peut pas appeler sa sœur là-bas, parce qu'ils n'ont pas le téléphone. Maman dit qu'elle devrait appeler la police à Beaufort et leur demander de se renseigner pour savoir s'il est arrivé quelque chose à Little-Neville. Mais Doreen dit que sa sœur vit loin de la ville et qu'elle veut aller voir d'elle-même. Ma mère dit que Doreen se débat avec des fantômes et qu'elle est certaine que Little-Neville sera assis à l'attendre dans la gare, ce matin. Ma mère dit que Doreen s'est tout bêtement trompée dans les dates de fin d'école pour les Coloureds. Ma mère met ses lunettes de soleil et allume la radio pour écouter du jazz. À la maison, mon père n'aime pas que nous écoutions du jazz. Mon père aime la musique classique et ma mère ne veut pas que nous lui parlions du jazz dans la voiture. Mon père dit que le jazz n'est pas très différent de la pop music. Il appartient à des endroits comme le Charlie Parker's, une boîte de nuit de Sea Point, et pas à un foyer chrétien comme le nôtre. Les parents de Frikkie sont allés au Charlie Parker's une fois, mais c'était uniquement parce qu'ils devaient accompagner des amis anglais.

Quand nous nous parlons de mon père et du jazz, Maman dit que nous devrions en faire notre secret. Elle rit et dit que mon père est un peu vieux jeu pour ce qui est de la musique. Maman chante souvent pour accompagner la musique et, parfois, Ilse et elle font toutes sortes d'harmonies. Ce que je préfère, c'est quand elles font « Summer Time » d'Ella Fitzgerald ou « Ramblin' Rose » de Nat King Cole. Parfois, quand je suis en colère contre Maman, je pense à la menacer de tout dire à mon père. Mais, en général, j'ai trop peur de la menacer, sans parler de le dire à mon père. Et puis, comme dit Maman : « Nous avons tous nos petits secrets. »

C'est la même chose avec les visites en secret que nous faisions à Tannie Karla, et le truc avec Tannie Karla, c'est la cigarette. Maman n'a jamais dit à Ouma Kimberley que Tannie Karla fumait, même si elle sait que fumer est un péché. Maman dit que ça ferait du mal à Ouma sans raison. Si Ouma l'apprenait, elle se dirait qu'elle a échoué à bien élever ses filles. Pour Maman, c'est horrible qu'une femme fume et c'est encore pire que sa propre sœur le fasse.

Parfois, Maman chante en jouant du piano. Mais elle ne chante jamais quand il y a des gens à la maison. Elle se contente d'accompagner Ilse. La chanson préférée de mon père est celle que Schubert a écrite sur la truite, et Maman accompagne d'habitude Ilse quand elle la chante. J'aime la chanson parce que c'est la préférée de Papa, mais je ne supporte pas la voix aiguë d'Ilse et toutes ces allures qu'elle prend quand elle chante. Elle balance la tête en tous sens et elle presse sa main sur son sein comme Maria Callas sur la couverture d'un des disques de Papa.

Lorsque l'école ou l'orchestre symphonique, ou qui que ce soit, demande à Maman de chanter, elle dit tout simplement non, qu'elle a pris une décision. Mais, à la maison, Maman chante de temps en temps en néerlandais et en flamand, et je peux comprendre les paroles parce que c'est presque comme de l'afrikaans. La meilleure chanson chantée par Maman, c'est « Remember Me ». Ilse dit que c'est la dernière chanson qu'ait chantée Maman quand elle jouait Didon à l'opéra. Même si les paroles ne font que répéter « Remember Me, Remember Me », c'est la chanson que je préfère, de toutes celles que chante Maman. Une des raisons pour lesquelles je l'aime autant, c'est que Maman la chantait beaucoup pendant que Papa se battait en Rhodésie. Le soir, après qu'Ilse et moi étions couchés, Maman s'installait au piano. Une nuit, alors qu'elle chantait « Remember Me », j'étais descendu l'écouter. Je l'avais observée, assise à son grand piano à queue. Pendant qu'elle chantait, des larmes coulaient sur ses joues.

Maman pleure comme ça quand Papa est absent, parce qu'il nous manque tellement. La chose dont j'ai le plus peur au monde, c'est qu'il arrive quelque chose à Papa pendant la guerre. Quand j'avais peur, lorsque Papa était en Rhodésie, j'allais toujours dormir avec Maman. Elle me serrait contre elle et disait que nous devrions prier le Seigneur pour mon père, parce que Dieu combat du côté des justes.

En roulant sur Plumstead et Wynberg, puis sur Rodenbosch, nous écoutons Nat King Cole chanter « Ramblin' Rose ». À certains passages de la chanson, Maman se lance dans un déchant, et je me retourne pour voir si Frikkie et Doreen écoutent. Doreen me sourit, mais je vois bien qu'elle est d'une humeur bizarre. Maman fait parfois un déchant en écoutant la chorale de l'église. Je deviens très timide, parce que les enfants des rangs devant nous se retournent pour nous dévisager. C'est particulièrement pénible quand Ilse se joint à ma mère pour faire le déchant, parce que la voix d'Ilse exécute des trilles que je ne supporte pas.

Je chantais dans la chorale de l'école quand j'étais en cours élémentaire première année, mais mon père a dit que je n'avais pas à chanter si je n'en avais pas envie. Papa ne nous oblige jamais à faire ce que nous n'avons pas vraiment envie de faire. Si j'ai envie de chanter dans la chorale, je peux, mais je ne suis tout simplement pas aussi bon musicien que Maman et Ilse. Et puis tout ce chant m'ennuie, même si j'aime écouter Maman quand elle chante. Cette année-là, le professeur de musique nous a pris, Hanno Louw et moi, pour chanter le solo pendant la *eisteddfod*. Nous avons chanté une chanson intitulée « *Ek marsjeer nou deur Suid-Afrika* », un truc sur le fait de marcher à travers le pays et de voir les montagnes et la mer magnifiques. Hanno a obtenu un diplôme d'argent et moi un de bronze. Ça a été mon premier et dernier solo. À partir de là, nous avons appelé tous ceux qui chantaient des tapettes. Sauf quand Maman est dans les parages, parce qu'elle trouve dégoûtant de parler ainsi de quelqu'un simplement parce qu'il chante. Elle dit qu'on n'est pas une tapette simplement parce qu'on chante, mais Papa rit et dit qu'il n'en est pas si sûr.

Ma mère a chanté depuis qu'elle était une toute petite fille. Elle a dit un jour que c'était un miracle qu'elle ait pu passer d'une petite ville comme Kimberley à la scène de l'opéra. La grâce de Dieu et beaucoup de travail acharné. C'est comme ça que Maman appelle son talent de chanteuse. Elle a dû travailler dur parce qu'elle n'était pas née de la cuisse de Jupiter. Maman sait ce que c'est que de ne pas avoir d'argent. Ilse a lu un article sur Sophia Loren dans *Die Huisgenoot*, et elle a dit que Maman avait vécu presque la même vie.

Sophia Loren a grandi dans les bidonvilles en Italie, mais elle a quand même réussi à devenir célèbre. Non pas que Kimberley ressemble exactement à l'Italie, mais la pauvreté est la même partout. C'est plus difficile pour un enfant pauvre de réussir dans la vie que ça ne l'est pour un enfant riche. Je suis sûr que c'est pour cette raison que Maman s'inquiète autant pour Zelda Kemp.

Mais, la plupart du temps, ma mère ne parle pas de l'époque où elle était petite. Sauf quand je suis paresseux ou ingrat. Alors elle me parle de l'époque où elle était pensionnaire à Mafeking et qu'elle ne voyait Oupa et Ouma qu'à la fin de chaque trimestre. Oupa n'avait pas de voiture et les conditions de vie dans le Kalahari, où ils avaient leur ferme, étaient d'une horreur indescriptible. C'était avant que la sécheresse ne les force à déménager à Kimberley.

Nous n'avons jamais connu Oupa Kimberley, comme nous l'appelons, parce qu'il est mort avant que nous ne soyons nés. Ouma vit toujours dans un hospice pour vieux à Kimberley, parce qu'elle veut être près de la tombe d'Oupa. Elle nous rend visite une fois par an et, en général, elle vient en train au moment de Pâques et elle reste pendant un mois. Mais Tannie Karla, elle, ne nous rend plus visite, parce que mon père lui a dit de ne plus jamais remettre les pieds chez nous.

Tannie Karla était une *laatlam*, qui est née après leur arrivée à Kimberley. Elle est beaucoup plus jeune que ma mère, et elle n'a que douze ans de plus qu'Ilse. Il y a encore quelque temps, elle venait nous voir à chaque vacance. Elle venait pêcher avec Ilse et moi, on a escaladé le Muizenberg avec elle. Un jour que nous faisions un pique-nique, Ilse et elle ont tressé des guirlandes de bruyère violette que nous avons mises sur nos têtes et portées toute la journée. De tous les gens de notre famille, Tannie était autrefois notre préférée. Elle nous faisait toujours rire et lorsqu'elle était avec nous, même Maman paraissait différente. Plus tard, quand Tannie Karla était à l'université de Stellenbosch, elle venait souvent nous voir le week-end et, une fois, Ilse est allée passer tout un week-end avec elle dans la résidence de l'université.

Mais les choses ont commencé à changer avec Tannie Karla quand elle a terminé ses études et qu'elle s'est mise à travailler au *Cape Times*. Tout le monde lui a demandé pourquoi elle n'était pas allée travailler au *Die Burger*, mais elle avait répondu qu'elle voulait améliorer son anglais et qu'elle ne pouvait le faire qu'en travaillant pour un journal anglais. Et c'est là qu'elle a commencé à fréquenter des Libéraux. Quand elle s'est mise à porter des chaussures compensées et des jeans, mon père a dit qu'elle se comportait comme quelqu'un qui avait fait ses études à « Moscou-les-Bains » plutôt que dans son alma mater. Lorsqu'elle venait nous voir, mon père et elle se disputaient souvent, et au bout d'un moment mon père avait dit qu'il en avait marre des idées étranges de sa belle-sœur. Il ne voulait plus jamais la voir chez nous.

Mais pour nous justement, Tannie Karla ne semblait pas très changée par rapport à l'époque où elle n'avait pas encore rencontré les Libéraux du *Cape Times*. Avant qu'elle ne quitte le *Cape Times* pour partir à l'étranger, ma mère nous emmenait la voir en secret dans son appartement de Camps Bay. Mais nous n'avions pas le droit d'en parler à Papa, parce que Papa disait qu'elle fréquentait des Noirs et qu'elle disait des choses contre le gouvernement. Papa disait que c'était les Libéraux qui avaient assassiné Verwoerd en 1966, en plein Parlement. Papa disait que c'était le seul moment pendant lequel on n'avait plus entendu les gémissements et les grognements d'Helen Suzman à propos des pauvres Bantous. Elle s'était tue après que Oncle PW s'était tourné vers elle pour lui dire que ses collaborateurs libéraux et elle étaient responsables de l'assassinat du Premier ministre.

Mais comme Tannie Karla est la sœur de ma mère, nous avons continué à lui rendre visite. Jusqu'à un certain jour. Ça s'est passé un après-midi alors que mon père était en Rhodésie. Nous étions tous assis sur la véranda du Carrousel à Sea Point, en train de manger des glaces. On riait beaucoup et Tannie Karla faisait des commentaires amusants sur les gens qui étaient autour de nous. Un peu plus tard, Maman et elle se sont disputées parce que Tannie Karla disait des choses qui ne plaisaient pas à Maman. Tannie Karla disait qu'elle trouvait effroyable que nous n'ayons pas cherché à savoir pourquoi Chrisjan n'était plus venu travailler. Il avait tout de même travaillé, disait-elle, pendant plus de trente ans dans le jardin. Maman disait qu'il n'était pas nécessaire que nous allions le chercher pour apprendre qu'il avait fichu le camp.

« Karla, avait dit Maman, il n'y a rien à apprendre ! Les choses ont changé. Les Coloureds sont comme ça de nos jours. Le temps est bien fini où un employeur pouvait compter sur leur loyauté et leur honnêteté. Ils sont devenus comme ça… à errer d'un endroit à l'autre.

— Mais Chrisjan a travaillé dans votre jardin pendant des années, Leonore ! Comment peux-tu dire que les Coloureds se sont mis à errer ? » avait demandé Tannie Karla en fronçant les sourcils.

« C'est exactement ce que je dis, les Coloureds ne sont plus ce qu'ils étaient. Il y a une instabilité et un manque de fiabilité chez eux. Ils deviennent de plus en plus comme les Bantous. Tu as bien vu comment les choses se passent à Durban avec les dockers – des milliers à faire grève. Ils parlent même désormais de créer des syndicats et tout ça. Ils changent…

— Leonore, écoute-moi pour une fois ! » Tannie Karla s'était penchée au-dessus de la table pour parler. « Oublie les Coloureds et les Bantous, et parlons des deux personnes qui travaillent pour toi.

— Nous parlons de Chrisjan, avait répliqué ma mère. Laissons Doreen en dehors de cette conversation. Tu ne trouveras pas dans tout False Bay une servante plus heureuse que Doreen. » Puis ma mère avait dit que Chrisjan était parti parce qu'il avait volé le matériel de pêche de mon père et qu'elle ne voulait pas en discuter plus longtemps.

Tannie Karla avait levé les mains au ciel et allumé une autre cigarette. Au bout d'un moment, elle avait dit qu'elle ne se marierait jamais. Ma mère lui avait demandé quel rapport avait son mariage avec leur conversation. Tannie Karla avait répondu qu'elle avait vu trop de femmes tout sacrifier pour leurs maris – même leur esprit. Elle avait suffisamment vu mon père réprimer ma mère pour vouloir se tenir à l'écart du mariage toute sa vie. Jamais elle ne laisserait un homme la piétiner comme mon père piétinait ma mère. Elle avait dit qu'elle adorait les enfants et qu'elle en aurait peut-être sans se marier. Elle se tiendrait à l'écart de tout mariage et de tout mari.

Maman avait été tellement furieuse contre Tannie Karla qu'elle nous avait dit de nous lever, à Ilse et moi, nous n'allions pas rester assis à écouter de telles absurdités ! Tannie Karla avait essayé de nous retenir et dit qu'il n'était pas nécessaire de partir comme ça, mais ça n'avait fait que rendre Maman plus furieuse encore. Ma glace au chocolat était à peine entamée, mais Maman m'avait dit de la laisser.

Pendant que nous revenions vers St. James en roulant sur Chapman's Peak Drive, Maman avait dit que Tannie Karla avait perdu la raison. Où trouver au monde un mariage plus heureux que le sien avec Papa ? Tannie Karla avait dit des choses que nous n'aurions pas dû entendre et elle allait finir par nous endoctriner, si nous continuions à la voir. Tannie Karla était devenue une communiste et Maman n'allait pas accepter des communistes chez elle et dans nos vies. Ilse avait dit alors que Papa n'avait jamais traité Tannie Karla de communiste, mais de libérale. Mais Maman avait répondu que les communistes et les libéraux, c'était une seule et même chose, et elle avait rappelé à Ilse qu'elle ne devait pas exprimer son opinion sur des questions auxquelles elle ne connaissait rien. Elle avait dit à Ilse de bien faire attention à ne pas devenir comme Tannie Karla.

Et donc, pendant tout le trajet du retour, Ilse avait fait la moue, parce qu'elle adorait Tannie Karla. Je n'arrivais pas à comprendre pourquoi Maman était tellement en colère, mais j'étais désolé pour elle et pour Tannie Karla. J'aurais voulu qu'elles puissent parler encore un peu, parce qu'elles auraient pu alors résoudre le problème et nous aurions tous été encore amis. Mais depuis ce jour nous n'avons plus revu Tannie Karla, ni jamais entendu parler d'elle. C'est comme si elle n'avait jamais existé. Nous avons appris par la suite par Ouma Kimberley qu'elle était partie pour l'Angleterre.

Et puis, un beau jour, une lettre est arrivée à St. James et le nom sur l'enveloppe était écrit de la main de Tannie Karla. Elle était adressée à « Miss » Leonore Erasmus. Elle portait un timbre britannique et l'adresse de Tannie Karla à Londres. J'avais apporté la lettre à Maman qui était au piano dans le salon. Elle avait examiné l'enveloppe pendant un long moment, puis elle avait dit qu'elle ne la lirait pas. Elle avait dit que le « Miss » devant son nom devait probablement signifier quelque chose et qu'elle n'allait pas se laisser piéger aussi facilement.

Elle m'avait envoyé chercher le papier à lettres et une enveloppe. Sur une feuille, elle avait écrit : « Ma chère Karla, nous nous reverrons devant Son Trône de Vérité. Ta sœur, Leonore. » Puis, elle avait recopié l'adresse de Karla sur l'enveloppe. Elle avait plié sa note autour de la lettre non lue de Karla et les avait scellées dans la nouvelle enveloppe.

« Prends une pièce d'un rand dans mon porte-monnaie et donne-la à Doreen pour qu'elle aille poster cette lettre. » Maman s'était remise à jouer, mais ses mains tremblaient un peu sur les touches.

J'étais tombé sur Ilse dans le couloir et je lui avais raconté ce qui venait de se passer, le fait que Maman renvoyait la lettre parce qu'elle disait « Miss » au lieu de « Mrs. » sur l'enveloppe. Ilse m'avait fait signe de me taire et de la suivre. Nous étions allés dans notre salle de bains et Ilse avait verrouillé la porte. J'entendais Maman qui jouait du piano et je me demandais ce que pouvait bien vouloir Ilse.

« Je veux lire la lettre de Tannie Karla, avait dit Ilse en tendant la main.

— Tu es folle ? Maman m'a dit de la donner à Doreen.

— Tu la donneras à Doreen dans une minute. Mais lisons-la avant.

— Mais si l'enveloppe est ouverte, nous ne pourrons plus la poster.

— Nous allons la décoller à la vapeur. Nous pourrons la recoller ensuite, quand nous l'aurons lue. »

Je lui avais donné la lettre et elle avait ouvert le robinet d'eau chaude. Elle avait placé la lettre au-dessus de la vapeur jusqu'à ce que le miroir de la salle de bains en soit complètement couvert. Au bout d'un moment, elle avait pu ouvrir l'enveloppe sans la déchirer. Elle avait rapidement lu la note de Maman et puis passé à la vapeur la lettre de Tannie Karla. Avant de la lire, elle m'avait regardé et dit :

« Marnus, tu ne devras jamais dire à Maman que nous l'avons lue, tu m'entends ? » J'avais hoché la tête.

Elle s'était assise sur le bord de la baignoire et avait lu à voix basse, juste assez fort pour que je puisse l'entendre. De temps en temps, elle levait les yeux pour écouter le son du piano. Je n'avais pas tout compris de la lettre de Tannie Karla :

12 janvier 1973
Londres

Ma très chère Leonore,

Je t'écris cette brève lettre parce qu'il m'est impossible d'accepter le fait que tu refuses tout contact avec moi. À cette douleur s'ajoute celle de ne pouvoir jamais revoir les enfants.

Tout ça est tellement inutile, ma chère sœur. Les gens peuvent avoir des opinions différentes, mais est-il pour autant nécessaire qu'ils deviennent des ennemis ? Nous avons tellement peur de tout. Nous avons été élevées pour avoir peur de tout ce qui n'est pas vaguement familier. Ils nous ont appris à avoir peur du monde entier.

Ta connaissance de la musique, ma chère Leonore, t'a appris que c'était un péché au Moyen Âge de chanter à plus d'une voix : oui, chanter en harmonie faisait de toi une hérétique ! Et pourtant, aujourd'hui, nous chantons la louange du Seigneur à huit et parfois même douze voix différentes. Et nous nous moquons du dogme et de la bêtise du Moyen Âge. Mais pendant que nous rions, nous oublions les milliers, les millions même, de gens qui ont été tués auparavant, afin qu'une plus grande liberté et une plus grande créativité soient possibles. Des transformations que nous considérons aujourd'hui comme allant de soi. Elles ne vont pas de soi : elles ont été obtenues par la lutte.

Lorsque Picasso a commencé à se servir de la technique cubiste pour ses tableaux, on l'a traité d'idiot et d'idéaliste. Aujourd'hui, il est reconnu comme un des plus grands artistes du siècle.

Pourquoi nous a-t-on appris à avoir peur des gens qui ne pensent pas comme nous ou qui agissent d'une manière différente de la nôtre, ou encore qui ne nous ressemblent pas physiquement ? Et pourquoi cette peur s'enracine-t-elle aussi facilement pour s'épanouir dans la mauvaise herbe de la haine, de l'égoïsme et de la terreur ? Pourquoi as-tu peur de m'entendre t'expliquer que Johan est le maître de ta vie ? Pourquoi refuses-tu d'écouter les raisons que j'ai de te dire qu'il t'a volé ta vie ? Leonore, ne vois-tu pas que ce n'est pas ton mariage que je veux critiquer, mais tout mariage, où le potentiel d'une femme est perdu à cause d'un droit imaginaire de l'homme à être le chef !

Et pourquoi ne veut-il pas entendre ce que signifie être un Noir en Afrique du Sud ? Toutes ces questions sont liées. Comment est-il possible d'avoir peur au point de préférer m'exclure de ta vie plutôt que de m'écouter et de décider ensuite ce que tu vas croire ou non ? Est-ce que même mes idées sont une menace pour toi ? Ma chère Leonore, si mes idées concernant ce qui ne va pas dans notre pays t'effraient, je ne peux que redouter le jour où tu vas entendre les idées de la plupart des Noirs.

Oh, comme j'ai ri quand Johan m'a traitée de libérale anglaise ! Curieusement, lui et moi sommes d'accord en ce qui concerne bien des Sud-Africains de langue anglaise. Ce sont eux qui réclament la justice tout en profitant grassement de la souffrance de ceux qu'ils veulent libérer. Je vois la même chose se passer ici, en Angleterre et en Europe, l'horrible « deux poids, deux mesures » !

Et toi, ma sœur, que feras-tu si, un jour, un de tes enfants en vient à penser et à agir autrement que toi ? Je veux finir cette lettre en te suppliant de te souvenir d'une chose : nos enfants pourraient bien rire de nous comme nous rions du Moyen Âge. Mais il est possible que nos enfants ne nous pardonnent jamais.

S'il te plaît, embrasse Ilse pour moi.

Avec toute mon affection,

Karla.

Chez Frikkie à Oranjezicht, Doreen attend dans la voiture pendant que nous disons au revoir aux Delport. Les Delport sont très riches et les parents de Frikkie roulent tous les deux en Mercedes. Ils n'ont pas de maison de vacances comme nous et ils vont la plupart du temps dans un hôtel luxueux de Plettenberg Bay. Ou bien ils louent une grande maison et emmènent Gloria avec eux à ce moment-là. Mr. Delport prie ma mère de transmettre ses salutations à mon père. Papa connaît Mr. Delport parce qu'ils se voient quand Frikkie et moi jouons au rugby et quand ils se retrouvent à d'autres occasions. Je crois que c'est la réunion à laquelle se rend Papa le premier mardi du mois, parce que Frikkie, un week-end, avait oublié sa brosse à dents chez nous et Papa l'avait emportée à la réunion ce mardi soir-là. Le lendemain, à l'école, Frikkie m'a dit que son père l'avait rapportée à la maison. Il dit que son père sort aussi le mardi soir sans jamais dire où il va. Il parle toujours de réunions culturelles.

Lorsque nous revenons à la Coccinelle, Gloria est debout du côté du conducteur, le coude posé sur la voiture, en train de bavarder avec Doreen. Elle a passé sa tête par la fenêtre. Elle porte ses chaussures compensées dorées et les boucles d'oreilles qui apparaissent sous la coiffure sont tellement énormes qu'on voit à peine ses joues. Maman veut entrer, mais Gloria continue à parler comme si nous n'étions pas là. Maman toussote et Gloria sort la tête de la fenêtre.

« Oh, doux Jésus, Mrs. Erasmus ! Je suis là à bavarder en bonne voisine et je vous fais attendre ! Bon, il faut que j'y aille, moi aussi. Au revoir, Doreen, et j'espère que tout ira bien pour ton fils, hein ? » Elle s'écarte de la portière et dit à ma mère : « Et vous, Mrs. Erasmus, passez de bonnes vacances. Noël, ce n'est qu'une fois par an, vous savez !

— Au revoir, Gloria » dit ma mère et je vois bien qu'elle est agacée.

Avant de repartir, Gloria se tourne vers moi et dit : « Bon... à plus tard, petit roublard » et elle me fait un clin d'œil en s'éloignant sur ses énormes chaussures compensées qui lui donnent l'air d'être deux fois plus grande qu'elle n'est. Je suis tellement content que Doreen ne ressemble pas à Gloria, mais je n'en dis pas un mot.

Maman s'arrête à Saasveld sur Kloof Road pour acheter des petits pains et le *Rapport*. Pendant ce temps, je montre du doigt à Doreen notre école, de l'autre côté de la route. Le week-end et pendant les vacances, un silence mortel règne dans les bâtiments et je raconte à Doreen l'histoire de la femme qui était proviseure et a été pendue par le concierge. On dit que son fantôme fait des apparitions dans la salle de la classe de dessin, quand il sait qu'il ne sera pas dérangé. On dirait que Doreen ne m'écoute pas. Elle se contente de hocher la tête, sans prononcer un mot. Elle n'a pas l'air gentille du tout aujourd'hui et je pense que c'est parce qu'elle se fait du souci pour Little-Neville.

Je me tourne sur mon siège et je lui demande si c'est à cause de Little-Neville qu'elle semble aussi absente. Je ne sais pas si elle est vraiment perdue dans ses pensées, mais je lui pose la question parce que je suis désolé pour elle. Elle hoche la tête, le regard fixé au-delà de mon épaule.

« Tu as peur qu'il ait raté le train, Doreen ? » dis-je en me demandant si ça ne lui ferait pas du bien d'en parler. Maman dit toujours qu'on ne doit pas laisser les mauvaises pensées s'accumuler en soi parce qu'elles finiront par vous empoisonner.

« Marnus, dit-elle en gardant les yeux dans le vague, c'est comme ça que sont les mères avec leurs enfants. Tu as bien vu comment Madame est avec toi et l'adorable Ilse. »

Je réfléchis un peu avant de dire tout bas : « Mais Doreen, Maman dit que tu t'es sûrement trompée dans les dates de la fin de l'école pour vous. Little-Neville va arriver. »

Elle secoue la tête et sort son petit agenda noir de son vieux sac à main. Elle pose le doigt sur une page où il est écrit : « Écoles coloureds, Province du Cap » et la date est déjà dépassée.

Au coin d'Adderley, Maman et moi attendons dans la Coccinelle pendant que Doreen va voir dans la gare si Little-Neville est arrivé par le train de ce matin. Il fait horriblement chaud aujourd'hui et j'ai les jambes collées sur le plastique du siège. Maman lit le journal et elle me donne la page des bandes dessinées. Doreen revient enfin, mais sans Little-Neville.

Maman sort de la voiture pour parler à Doreen et je mets la tête dehors pour entendre ce qu'elles se disent. Doreen annonce qu'elle va prendre le train cet après-midi pour aller chercher Little-Neville.

« Mais, ma chère Doreen, dit Maman, il faut d'abord que tu viennes téléphoner. Je parlerai à la police et je leur demanderai d'aller chez ta sœur. Ça t'épargnera toutes ces heures de train.

— Non, Madame, répond Doreen. Doreen sent qu'il est arrivé quelque chose à Little-Neville. C'est mon plus jeune enfant et jamais il n'a été un *loslyf* auparavant. S'il lui est arrivé quelque chose, Doreen doit être là-bas. »

Maman abandonne et me demande de tirer sur la manette d'ouverture du coffre. Doreen prend sa valise et Maman lui donne de l'argent pour le train. Nous nous disons au revoir et Maman lui dit de nous appeler dès qu'elle arrivera à Touwsrivier ou bien dès qu'elle aura des nouvelles de Little-Neville. Nous démarrons et tournons dans Adderley Street. Il y a une mouette posée sur la tête de Jan Van Riebeeck. Maman dit qu'elle espère qu'il n'est rien arrivé à Little-Neville. Doreen en prend soin comme de la prunelle de ses yeux et ce garçon n'est pas un *skollie* comme ses autres enfants. Doreen dit même qu'il était tenté par la prêtrise. Il veut devenir pasteur de la Dutch Reformed Mission Church pour les Coloureds. Maman a promis à Doreen que si Little-Neville continue à bien travailler à l'école et qu'il ne se met pas à faire des bêtises comme les autres, elle se porterait garante du prêt de la banque pour ses études. Nous remontons De Waal Drive et Maman met la cassette de Nat King Cole. Des centaines de voiles zigzaguent dans Table Bay. De près, la montagne se découpant sur le ciel bleu paraît encore plus énorme que d'habitude. Quand nous passons devant Groote Schuur, les fenêtres de la Coccinelle complètement baissées pour avoir un peu d'air, nous chantons ensemble :

*Ramblin' Rose, Ramblin' Rose... Why you ramble, no one knows...* Et nous continuons pendant tout le trajet. Lorsque nous arrivons dans St. James Road, ma mère éteint la radio.

Avant de sortir de la voiture, Maman se donne un coup de brosse une ou deux fois et chasse les cheveux tombés sur son chemisier. Elle tourne le rétroviseur vers elle et se met du rouge à lèvres. Pendant qu'elle redonne de la couleur à ses lèvres, elle m'observe du coin de l'œil et me sourit. Elle frotte ses lèvres l'une contre l'autre et dit :

« Ta mère n'est pas si moche pour quarante-quatre ans, qu'est-ce que tu en dis, mon garçon ? » Même si Maman essaie de paraître sérieuse, je sais qu'elle plaisante.

« Maman, tu es bien plus jolie que Mrs. Delport.

— Voyez-vous ça ! Mrs. Delport a au moins dix ans de moins que moi – espèce de petit flatteur. » Et elle se penche et m'embrasse sur la joue. Avant que je n'ouvre ma portière, du pouce elle essuie le rouge à lèvres sur ma joue, tandis que ses autres doigts me maintiennent le menton :

« Un jour, le garçon de Maman va briser le cœur de toutes les filles avec ces beaux yeux et ces longs cils. »

Nous prenons le petit déjeuner sur la véranda où il fait beau et frais, et où la vue est bien meilleure que dans la salle à manger. Papa met un disque de Bach et la musique dérive dans le jardin. Comme de l'autre côté de la montagne, il y a un nombre incalculable de voiles qui sillonnent la baie. Maman dit que c'est une bonne chose que nous partions dans quelques jours ; avec ce beau temps, l'endroit va être rapidement envahi par les vacanciers venus de tous les coins du pays.

Après le petit déjeuner, mon père feuillette le journal. Il annonce qu'il y a eu une autre attaque terroriste au Mozambique. Il dit que les Portugais sont trop stupides pour gouverner convenablement leur pays. Le Frelimo devient plus puissant chaque jour. Je pense aux Portugais qui ont acheté le café au-dessus de chez Frikkie, après leur arrivée du Mozambique. Frikkie et moi, nous appelons toujours leurs enfants les Frelimo. Ça les rend dingues et ils nous courent après jusqu'au portail de la maison des Delport. S'ils font mine de nous poursuivre dans le jardin, nous les menaçons d'appeler la police, et nous leur disons que c'est l'Afrique du Sud ici, pas le Mozambique. S'ils sont incapables de se comporter comme des êtres humains, ils devraient retourner dans leur pays.

Le général dit qu'il trouve que le Chili devrait être reconnaissant de ne pas avoir tant de Noirs. Les choses ont l'air de bien se présenter dans son pays. Le Chili a finalement réussi à se débarrasser des pires communistes qui soient. Il dit que la République devrait se débarrasser des chefs qui sont les véritables fauteurs de troubles. Si on élimine les chefs, on se débarrasse du cerveau de la révolution. C'est ce qu'ils ont fait au Chili, dit-il. En septembre, ils se sont débarrassés du cancer qui était la cause de tous les problèmes. Il s'appelait Salvador Allende. Le général dit que la République peut tirer un certain nombre de leçons de ce qu'ils ont fait au Chili. Un bon contrôle militaire, c'est tout ce dont on a besoin pour empêcher la pourriture de se développer.

Plus tard dans la matinée, Maman dit que nous devrions aller jusqu'à Cape Point en voiture, pour montrer au général l'endroit où les deux océans se rejoignent. Le général est assis à l'avant, à côté de mon père. Maman, Ilse et moi sommes à l'arrière. Pendant que nous roulons, le général nous parle du Chili et à quel point c'est beau là-bas. Chaque fois que Papa ou Maman pointe le doigt vers quelque chose au bord de la route ou du côté des montagnes, il dit : « *Que, hermoso es hermoso*... Il y a des coins du Chili qui ressemblent beaucoup à ça ! » Et puis il nous parle de la ville de Santiago, où il vit avec sa femme et son fils. Il nous parle aussi de l'Académie militaire, *Escuela Militar*, où il a fait ses études. Il dit que c'est le West Point du Chili et qu'il avait voulu y aller depuis qu'il était petit garçon. Il dit que les montagnes ici, à la pointe méridionale de l'Afrique, sont presque aussi belles que les Andes au Chili. Et il rit de nouveau. Tout en haut des Andes, il y a, dit-il, une immense statue de Jésus-Christ, *El Christo Redentor de los Andes*, qui protège les peuples du Chili et de l'Argentine.

Chaque fois qu'il parle, il se retourne pour nous expliquer les choses et lorsqu'il évoque de nouveau quelque chose au Chili, Ilse dit : « Ça a l'air... *hermoso, hermoso* ! »

Il rit et la regarde intensément de ses yeux bleus avant de dire : « *Si, señorita, si, si*. » Et nous éclatons de rire parce que Ilse ne sait que dire, a le regard fixe et semble rougir.

Maman dit qu'elle pense souvent à ce qu'ont pu se dire les marins de Van Riebeeck quand ils sont arrivés au Cap pour la première fois et ont découvert ce pays magnifique. Le général dit qu'on peut probablement poser la même question concernant Colomb quand il a découvert l'Amérique.

Puis il me demande si j'ai récupéré de mon combat d'hier avec le requin. Je réponds que oui. Mais j'ai les bras et le dos raides, et j'ai tellement honte de l'avoir perdu si près de la plage que je ne sais si je pourrai jamais l'oublier.

*Juste avant l'aube, ils sont autour de nous. Leurs tirs frappent les branches au-dessus de nos têtes. Ils ont dû connaître notre position depuis un certain temps déjà – parce que les premiers tirs sont accompagnés du vrombissement des hélicoptères de combat en approche. Le temps manque pour ramasser la radio. Instinctivement, je m'empare uniquement du petit sac à sangles et de mon fusil. Grâce à Dieu, nous dormons avec nos paquets de munitions attachés au corps. Je commence à courir.*

*J'essaie de crier par-dessus le bruit, de ne pas riposter tant que nous n'avons pas l'ennemi en vue, mais c'est en vain. Je leur crie de courir. Des branches me fouettent le visage et les avant-bras pendant que je cours dans la pénombre. Derrière moi, j'entends un bruit sourd et bref et, quelques secondes plus tard, le sol autour de moi se soulève, les premiers obus de mortier atteignant leur cible. Je crie de nouveau à tout le monde de foutre le camp avant l'arrivée des hélicoptères – avant qu'il ne fasse jour et qu'ils ne puissent nous tirer dessus comme des antilopes depuis le ciel.*

*L'obus de mortier suivant tombe et j'entends quelqu'un crier. Dans les branches au-dessus de ma tête, des balles traçantes passent comme des feux follets mortels, et mon cœur bat à tout rompre à cause du bruit. Trébuchant sur un sac abandonné, je me rends compte brusquement que je ne peux plus rien pour eux. À partir de là, c'est chacun pour soi. Je m'autorise un rapide coup d'œil par-dessus l'épaule, puis j'accélère et je prie Dieu de me prendre en pitié.*

*Le bruit s'éloigne et je ralentis pour trouver un rythme que je vais pouvoir soutenir. Je ne cesse de repousser de mon esprit la pensée des troupes. Au bout d'une heure, il n'y a toujours aucun signe d'elles. Les premiers nuages rouges apparaissent à l'est et c'est la direction que je prends. Je ne peux qu'espérer que ceux qui ont réussi à s'en sortir vivants soient en train de détaler aussi loin que possible de la base. Ce sont pour les blessés que je me fais le plus de souci.*

*Vers midi, il faut que je trouve de l'eau, même si je sais que je ne devrais pas m'arrêter. Une fois qu'on s'arrête, qu'on casse le rythme du corps en pilote automatique, il est difficile de repartir. Mais j'ai les lèvres desséchées et je sens les ampoules sur mes pieds enfler comme des champignons brûlants. Je ralentis et j'aperçois un point d'eau au milieu d'un bosquet d'épineux très dense.*

*La vue de l'eau, même si elle est brune et sale, rend ma soif insupportable et je dois faire un effort sur moi-même pour m'assurer d'abord que je ne cours aucun danger. Je regarde et j'écoute en essayant de retenir mon souffle, tout en luttant contre l'envie irrésistible de plonger dans cette eau et d'éteindre les braises qui me brûlent la poitrine.*

*Les yeux explorant chaque pan d'ombre au milieu des arbres, j'avance. La R4 dans une main, je mets un genou à terre, je recueille un peu d'eau de ma main libre et je la porte à mes lèvres. Je bois autant que je peux, puis je repars me mettre à couvert.*

*J'ai des crampes d'estomac à cause de la grande quantité d'eau que j'ai avalée et je m'assois en me calant le dos contre un arbre. Pas même le son d'un oiseau dans les arbres. Seuls le grincement monotone, omniprésent, des criquets et le grondement qui vient du nord.*

*Je me demande ce que mon père fait en ce moment. A-t-il été informé du fait que le contact radio avec nous a été interrompu depuis ce matin ? Est-ce qu'il donne des ordres sur un ton colérique pour qu'on retrouve son fils ?*

*Maintenant je suis seul, Papa.*

*Sans plus un seul de mes hommes.*

*Je continue à me faire du souci pour les troupes. Aucun entraînement n'aurait pu convenablement les préparer pour ce qui est arrivé ce matin. La nuit dernière, j'étais pratiquement incapable de leur donner des ordres.*

*« S'il y a un contact pendant la nuit, on se contente de se replier sur Qalueque à l'est », ai-je dit au chef de section noir et je lui ai demandé de faire passer l'ordre. Je l'ai à peine regardé pendant que je parlais. C'est seulement quand il a*

*commencé à s'éloigner de moi dans le crépuscule que j'ai pu dire dans son dos :*

*« Pourquoi est-ce que vous êtes là ? » ai-je demandé et, un peu surpris, il s'est retourné. Il m'a regardé avec un air troublé comme si j'étais devenu complètement fou.*

*« Je vous demande pourquoi vous êtes ici... en Angola ? »*

*J'avais cessé de me demander pourquoi il se battait contre sa propre liberté. J'attendais sa réponse, j'attendais de l'entendre dire que la conscription pour eux, c'était une solution économique, qu'il était ici uniquement parce qu'il était incapable de trouver un boulot décent à cause du système. Il a fini par hausser les épaules et dire :*

*« Pour faire la guerre, Capitaine. Nous ne sommes pas comme les Cubains qui prennent des femmes pour combattre. Ce sont les hommes qui doivent faire la guerre. »*

*Je lui ai souri et j'ai dit : «* Ja... *Dieu sait... vous autres, Noirs, vous pourriez bien finir par être comme ces foutus Blancs. »*

*Il m'a regardé pendant un moment et puis il m'a demandé : « À qui d'autre pourrions-nous ressembler, mon Lieutenant ? »*

*Alors qu'il s'éloignait dans le crépuscule, j'ai observé son dos étroit sous l'uniforme et son cou noir avait l'air, de façon inattendue, très vulnérable.*

À partir de Muizenberg, tout au long de St. James et de Kalk Bay, de nombreuses maisons ont plus de cent ans. Les membres du Parlement et les riches résidents du Cap venaient ici passer leurs vacances autrefois. Avant la guerre, lorsque Oupa Erasmus était arrivé, c'était encore *l'endroit* pour les vacances. Après la guerre, les riches Anglais ont commencé à s'éloigner en allant à Sea Point, Three Anchor Bay et Clifton, sur le côté atlantique de la montagne. Mais il y a encore beaucoup d'Anglais qui vivent ici, les Spiro, les Smith et les Wiley. Les seuls que nous connaissions vraiment sont les Spiro, dont les jumeaux ont à peu près le même âge que moi. Comme tous les Juifs, ils sont bourrés de fric et Mr. Spiro est propriétaire de toutes les stations-service Mobil de la péninsule. Ils vivent dans une immense maison de deux étages près de Rhodes Cottage.

Dans Kalk Bay, les maisons sont encore plus anciennes que dans Muizenberg et St. James, parce que c'est là que les premiers pêcheurs sont venus habiter et qu'ils ont construit le port. Au départ, ça s'appelait Kalkhoven Bay, à cause de la mine de chaux. Mais après avoir compris qu'ils gagneraient plus d'argent en pêchant la baleine, ils ont fermé la mine de chaux et ils ont construit le port.

À l'époque, des milliers de baleines traversaient la baie chaque année. Le bateau qui appartenait au grand-père de Jan Bandjies venu de Java remontait quelque chose comme quatre-vingts à cent baleines, certaines années. Et ce n'était qu'un bateau parmi un très grand nombre. Tout s'était bien passé jusqu'à la bataille de Muizenberg, au XIXe siècle, quand les Anglais s'emparèrent du Cap. De nombreux bateaux de pêche furent confisqués et la plupart des pêcheurs durent travailler sur des bateaux anglais ou dans des usines, parce que les petits bateaux ne pouvaient pas concurrencer les gros. Depuis que notre gouvernement a construit de jolies petites maisons pour les pêcheurs au-dessus de la voie ferrée, il y a encore moins de bateaux qui sortent du port de Kalk Bay le matin.

St. James doit son nom à la première petite église qui a été construite ici. Sur le mur de la poste, il y a de jolis carreaux colorés qui dessinent une scène où l'on voit des gens entrer dans la vieille église. Ils portent d'étranges chapeaux pointus et ils ont la peau sombre et des petits yeux, et ils sont donc peut-être venus de l'Est ou d'ailleurs.

La ligne de chemin de fer a été construite à l'époque où Le Cap était encore sous domination britannique. Construire la voie ferrée avait été une grosse affaire, parce que les pêcheurs voulaient qu'elle se situe en haut de la colline, derrière les villages. Mais les Anglais les avaient ignorés et avaient construit la voie ferrée le long du rivage. Papa dit que si les Britanniques avaient écouté les pêcheurs, notre propriété vaudrait encore plus, puisque notre maison est maintenant séparée de la plage par la voie ferrée. Mais, avec les montagnes tout autour, ça reste un des endroits les plus beaux du pays. Papa a dit aussi la même chose un jour que nous étions, lui et moi, garés au sommet du col de Sir Lowries et en train de contempler l'ensemble de False Bay. C'était juste avant le coucher du soleil au retour de la ferme d'Oncle Samuel à Grabouw, et sur le siège arrière étaient empilés des cageots de pommes. Dans chaque cageot, les pommes étaient calées dans des copeaux de bois pour ne pas s'abîmer. Et les cageots étaient empilés si haut qu'on ne voyait plus par la lunette arrière. Quand Papa et moi étions sortis de la voiture pour regarder le coucher de soleil, le ciel entier avait pris une couleur rouge sombre. La baie était aussi lisse qu'un miroir, avec Table Mountain d'un noir absolu surplombant les lumières de la ville au loin. Nous étions restés là à regarder et Papa avait dit que rien n'était plus beau au monde que ce que nous avions sous les yeux. Il avait dit que *rien* ni *personne* ne pourrait jamais nous l'enlever. Nous tous, en particulier les Afrikaners qui avaient tout perdu au Tanganyika, avions suffisamment souffert. Des gens comme Oncle Samuel pouvaient en être témoins. Et puis Papa m'avait raconté l'histoire une fois encore :

Lorsque Oncle Samuel était parti, il avait dû s'échapper du Tanganyika en avion jusqu'à Salisbury. Les Noirs, menés par Julius Nyerere, voulaient le forcer à payer ses dettes à la banque – et ça, après qu'ils avaient confisqué ses fermes. Un jour, il avait tout simplement reçu une lettre lui annonçant que le gouvernement confisquait ses terres et qu'à une date donnée il devait quitter sa ferme. Quelques jours plus tard, il avait reçu une autre lettre l'instruisant de commencer à rembourser la banque. Ils lui avaient pris son passeport et dit qu'il n'était pas autorisé à quitter le pays tant qu'il n'aurait pas remboursé ses dettes. La récolte avait été très bonne cette année-là et il venait d'acheter six nouveaux tracteurs John Deere, et il était donc très endetté auprès de la banque. Les terrains d'Oncle Samuel dans le district d'Oljorro s'étendaient à perte de vue et il avait un petit avion pour pulvériser des pesticides sur les récoltes destinées à l'exportation. On n'avait jamais besoin d'utiliser des fertilisants au Tanganyika, comme on le fait ici à Grabouw, parce que le sol était si riche là-bas, tout poussait tout seul.

Mais soudain tout leur était enlevé.

Oncle Samuel avait donc envoyé Tannie Betta, Barrie et Marion, pour qu'ils prennent le bateau de la ligne du Kenya à Mombasa. Le nouveau gouvernement avait pensé qu'ils se rendaient dans la République uniquement pour rendre visite à des parents. Sanna Koerant était partie avec eux – même si tout le monde était pétrifié, bavarde comme elle l'était, qu'elle puisse révéler leurs plans. Avant leur départ, Oncle Samuel avait donné une lettre à remettre à Oupa Erasmus pour qu'il annonce à l'aéroport de Salisbury l'arrivée d'un petit avion en provenance du Tanganyika, tel jour à telle heure. L'homme à bord n'aurait pas de passeport.

Comme Oupa avait beaucoup d'amis en Rhodésie, ça n'avait présenté aucune difficulté et Oupa y était même allé pour attendre Oncle Samuel. Oupa avait rencontré Ian Smith en personne, et par la suite Oupa lui avait envoyé un message de félicitations quand Smith avait déclaré l'indépendance de la Rhodésie. Dans le bureau de Papa se trouve une lettre de remerciement encadrée du secrétariat de Ian Smith, datée du 25 novembre 1965.

Oncle Samuel avait demandé à un ami de louer un petit Cessna avec un pilote d'Hailé Sélassié en Éthiopie. Ça coûtait quatre mille livres – deux mille au décollage et deux mille s'ils arrivaient à destination. C'était très dangereux parce que la piste d'où ils allaient décoller, tout près de la réserve de Tsavo, n'accueillait que des petits avions qui répandaient le pesticide contre la mouche tsé-tsé.

Le soir de son évasion, Oncle Samuel avait fermé la porte de la ferme et ne s'était même pas retourné pour jeter un dernier coup d'œil. L'avion avait décollé tous feux éteints et il s'était éloigné de la ferme et de la terre que Tannie Betta et lui avaient tant aimées. Les seules choses qu'il avait emportées avec lui étaient des bobines et des bobines de film, ses photos et ses diapositives. Le nouveau matériel agricole et tout le reste étaient restés dans la ferme, exactement comme auparavant. Ils avaient longuement volé tous feux éteints et s'étaient posés pour faire le plein à Lilongwe, au Malawi. Et ils avaient fini par arriver à Salisbury, où Oupa Erasmus les attendait.

Pendant que nous étions là-haut, mon père et moi, à regarder le ciel écarlate, il avait dit que c'était pour cette raison que nous ne pouvions pas y retourner. Les Noirs avaient chassé les Blancs et tout ce qui nous restait, c'était ici, avait dit Papa, en accompagnant ses mots d'un mouvement du bras sur toute la baie.

« Et ce pays était vide avant que notre peuple y arrive. Tout, tout ce que tu vois, c'est nous qui l'avons construit à partir de rien. C'est à nous, Dieu nous l'a donné et nous en prendrons soin. Quel qu'en soit le prix. »

Lorsque nous étions remontés dans la voiture, l'odeur des pommes avait tout envahi. Je m'étais tourné pour regarder les cageots à l'arrière, mais il faisait déjà trop sombre pour qu'on puisse voir quoi que ce soit.

« Papa, tu sens l'odeur des pommes ? avais-je demandé dans l'obscurité grandissante.

— *Ja*, Marnus, avait répondu Papa pendant qu'il manœuvrait la Volvo pour repartir sur la route. Même les pommes, nous les avons apportées dans ce pays. »

C'est plutôt calme à l'école aujourd'hui. Nos bulletins sont prêts et nous devons rester assis à lire en silence. Frikkie ne tient pas en place et Miss Engelbrecht l'envoie se calmer dans le couloir. À la récréation, je jette à la poubelle les sandwiches au beurre de cacahuètes et au sirop d'érable et je m'achète un paquet de Fritos à la cantine.

Après l'école, Maman vient nous chercher. Maman dit qu'elle va porter sa robe Elsbieta Rosenworth pour la distribution des prix d'Ilse, ce soir, même si elle est un peu trop élégante pour l'occasion. Ilse demande si Doreen a appelé et Maman répond qu'elle n'a pas eu un mot d'elle. Mais pas de nouvelles, bonnes nouvelles, et elle savait depuis le début que Doreen exagérait.

Je retire mon uniforme et quand je redescends, Maman me dit de laisser Ilse tranquille. Maman ne veut pas qu'Ilse s'agite avant ce soir. C'est ce soir que nous allons apprendre si, oui ou non, Ilse sera présidente des élèves, l'année prochaine. Si je veux aller pêcher ou nager dans la piscine laissée par la marée, je dois bien veiller à être de retour à temps pour m'habiller et dîner avant que nous partions. Nous devons partir de bonne heure parce que Ilse doit s'échauffer avec la chorale.

« Est-ce que Mr. Smith vient avec nous, Maman ? dis-je.

— Non. Il devrait arriver d'un instant à l'autre. Mais, ce soir, il voit le général de brigade Van der Westhuizen. On doit venir le chercher ici avant que nous partions. »

Je tombe sur les jumeaux Spiro qui sont en train de jouer entre les petites huttes de plage des

Coloureds près de la piscine de marée à St. James. Quand Frikkie n'est pas avec moi, je joue parfois avec eux. Peu importe qu'ils ne parlent pas vraiment l'afrikaans, parce que Ilse et moi sommes complètement bilingues. Papa dit qu'il y a deux langues officielles en Afrique du Sud et qu'on ne fera jamais rien dans la vie si on n'est pas capable de les parler toutes les deux couramment. Nous ne regretterons jamais les petits cours qu'il nous a fait prendre pour améliorer notre anglais.

David et Martin Spiro ont un an de moins que moi et ils sont d'une laideur sans égale. Ils sont même plus laids que les frères de Zelda Kemp. Maman était furieuse, un jour, quand Ilse a dit que les visages fripés des jumeaux les faisaient ressembler à ces parasites des poissons. Maman dit qu'on ne doit jamais juger les gens sur leur apparence. Elle dit que Maria Callas était une bien meilleure soprano quand elle était grosse comme un éléphant qu'après, quand elle s'est mise à ressembler à un Biafrais affamé. Ce qui prouve que les apparences peuvent être extrêmement trompeuses. Si seulement le monde pouvait accepter ça, ce serait un bien meilleur endroit où vivre.

Mr. Spiro étant propriétaire de stations-service, il doit souffrir des restrictions nouvelles sur le pétrole qui n'est plus vendu que pendant les jours ouvrables. Maintenant que le prix du pétrole est tellement élevé, les gens n'ont plus envie de dépasser les quatre-vingts kilomètres-heure. Depuis que papa est devenu général, il bénéficie d'un passe-droit et nous pouvons rouler autant que nous voulons. Mais il n'abuse jamais de son passe-droit et nous n'allons nulle part sans que ce soit vraiment nécessaire. Papa dit que le gouvernement va peut-être être contraint de fermer aussi les stations-service la nuit, sauf si on peut faire entendre raison aux Arabes. Les Arabes étaient les Philistins dans la Bible, et on peut s'attendre à ce qu'ils se comportent de façon identique, même après tout ce temps. Un chacal ne renonce jamais à la ruse.

Les Spiro vont entrer en cours primaire deuxième année après les vacances, je leur dis donc que c'est l'année la plus difficile, celle où on a le plus de devoirs à faire à la maison. Les enfants tombent comme des mouches en cours primaire deuxième année et quand on redouble en cours primaire, on ferait aussi bien de renoncer à trouver un boulot. Quelqu'un qui s'est couvert de honte à cet âge aura du mal à obtenir la confiance d'un employeur.

Nous jouons sur la plage tout l'après-midi et, plus tard, nous rentrons chez eux pour des boissons rafraîchissantes. Ils me raccompagnent à St. James parce qu'ils veulent aller se baigner encore dans la piscine laissée par la marée. J'aimerais pouvoir les rejoindre, mais je dois rentrer à la maison pour me changer. Nous passons devant la maison de Mrs. Streicher, adossée à la colline, près des escaliers de Carrisbrooke. On voit à peine la maison depuis la route à cause de la luxuriance du jardin. Devant la maison, il y a une immense haie d'hibiscus, couverte de fleurs jaunes en forme de coupe. Je dis à David et Martin que je veux aller en cueillir quelques-unes pour les donner à Ilse et lui porter chance à la distribution des prix. Maman donne toujours des fleurs à ses élèves quand ils vont chanter en concert parce que ça fait partie de la culture du monde musical.

« Mais Mrs. Streicher ne te donnera pas de fleurs, dit Martin. Elle est bien trop radine. » Martin parle toujours le premier parce qu'il est né trois minutes avant David.

« Oui, dit David. Et en plus, elle est allemande !

— On n'a pas besoin de lui demander. On a qu'à aller en piquer en passant par-dessus la clôture », dis-je et je mets les mains sur les hanches. Je fais toujours ça pour leur rappeler que je suis plus âgé qu'eux. Chez les *Voortrekkers*, Frikkie fait la même chose quand il ne veut pas m'écouter. Je lui rappelle alors simplement que j'ai été élu chef d'équipe par un vote à la majorité et qu'il doit donc m'écouter.

« Et si elle nous voit ?

— Oui ! Si on se fait attraper ?

— Elle ne sort de chez elle que la nuit, ai-je répondu. Un soir, avec mes parents, on l'a vue marcher sur la route en rentrant du drive-in. Elle dort pendant la journée.

— Je crois qu'on ne devrait pas y aller » dit David. C'est une vraie poule mouillée. Il a peur de tout et de Frikkie en particulier. Frikkie lui a mis la tête sous l'eau pendant presque une minute parce qu'il nous avait traités « d'araignées velues ».

« Tu viens, Martin, dis-je sur un ton irrité. David est un vrai trouillard », et je commence à monter les escaliers en direction de la clôture. Je les entends me suivre.

« Il ne faut pas faire de bruit. Elle pourrait se réveiller » dit David.

J'entends à sa voix qu'il a peur parce que c'est la même que lorsqu'il parle à Frikkie.

« Bon, alors ferme ton clapet » dis-je d'une voix sifflante. C'est ce que dit toujours Miss Engelbrecht à Frikkie pendant la classe d'anglais.

Nous montons les escaliers, en nous parlant à voix basse. Une fois en haut, je jette un coup d'œil par-dessus la clôture du jardin pour voir si tout est tranquille. Puis, on commence à cueillir les fleurs jaunes. Quand on cueille un hibiscus, il faut casser la fleur avec sa tige. Je dis à David d'arrêter de ne cueillir que les fleurs, parce que, sans tige, elles ne tiennent pas longtemps. Une fois que nous en avons assez à nous trois, je les rassemble pour en faire un grand bouquet. Celles qui ont les tiges les plus courtes, je les jette dans les escaliers tandis que nous les redescendons.

Soudain, une voix retentit derrière nous. Nous nous retournons pour voir. Elle est là, sur le petit palier devant l'entrée, juste au-dessus de nous.

« *Juden !* croasse-t-elle. *Ihre Juden !* » Puis, son visage se tend comme s'il allait se déchirer et elle ouvre grand la bouche et se met à hurler, tellement fort que sa voix résonne contre la montagne.

« Tirons-nous ! » crie Martin au moment où elle se remet à hurler. Nous dévalons les escaliers. Martin est devant, moi au milieu et David derrière. Nous descendons les marches trois par trois et sa voix retentit toujours derrière nous. Je jette un coup d'œil par-dessus mon épaule pour voir si elle nous court après, mais elle est encore devant sa porte. Je rate alors une marche et je tombe en avant, les hibiscus s'envolant dans toutes les directions. David manque de trébucher sur moi, mais il fait un bond sur le côté et m'évite, avant de reprendre sa course derrière Martin. Je suis de nouveau debout en un éclair et je fonce derrière eux. Ils arrivent dans Main Road et tournent à gauche en direction de leur maison. Sans même un regard dans leur direction, je vire à droite et part en courant vers St. James. Je ralentis seulement quand j'arrive à hauteur de la piscine laissée par la marée.

Je baisse les yeux vers mes genoux. La peau est complètement éraflée et du sang coule sur mon tibia. Je vais me nettoyer les genoux dans la piscine. Puis, je rentre chez moi, les genoux en feu à cause de l'eau salée. Quand j'arrive à la maison, le sang a coulé jusqu'à mon pied. Maman va être furieuse si je lui raconte que c'est arrivé pendant que je volais des fleurs. Maman dit que si on vole, on devient un menteur et que si on devient un menteur, on finit assassin.

Je veux me glisser dans le couloir qui mène à la salle de bains pour nettoyer le sang avant que Maman ne me voie, mais la porte est fermée. Ce doit être le général. Il faut maintenant que j'aille dans l'autre salle de bains parce que le sang va couler sur le sol. Maman est debout derrière Ilse assise devant la coiffeuse. Je tente de me glisser dans la salle de bains – mais Maman se retourne. Elle va de nouveau regarder dans le miroir, quand elle aperçoit mes jambes.

« Qu'est-ce que tu t'es fait aux genoux ? Éloigne-toi de mon tapis et va te laver !

— Je suis tombé dans les rochers, Maman » dis-je en avançant sur le carrelage de la salle de bains. Je reste sur le seuil et je regarde ma mère. Ilse s'est retournée elle aussi à présent. On dirait qu'elle a pleuré. Je me demande ce qui ne va pas chez elle maintenant. Elle est probablement en train de faire son numéro pour que nous lui accordions toute notre attention ce soir. Maman porte sa robe violette et Ilse son uniforme. Son blazer de cérémonie est étalé sur le lit. Avec la devise de Jan-Van-Riebeeck brodée en fil d'or sur la poche : Soyez Vous-Même.

« Va prendre ta douche et nettoie-moi ça ! dit Maman et j'entends à son ton qu'elle est furieuse.

— Ce n'est pas de ma faute si j'ai glissé, Maman, dis-je.

— Ne réponds pas et va te laver, avant que je ne vienne te frotter les genoux moi-même ! » Elle se retourne vers le miroir et attache les cheveux d'Ilse en une longue queue-de-cheval. Dans le miroir, je peux voir qu'Ilse pleure de nouveau. Maman jette un coup d'œil par-dessus son épaule et dit : « Quand tu auras pris ta douche, sèche-toi avec la petite serviette. Je ne veux pas voir de sang sur toutes mes serviettes. Et mets ensuite du mercurochrome sur ces genoux, sans quoi ils vont s'infecter.

— *Ja*, Maman… Maman, le mercurochrome est dans l'armoire de toilette de notre salle de bains. Mr. Smith est dedans. »

Maman se retourne de nouveau et agite la brosse à cheveux dans ma direction. « Eh bien, tu attends qu'il ait fini et tu vas chercher le mercurochrome. À la douche, immédiatement ! »

J'enlève ma chemise et j'essaie de retirer mon short sans le tacher de sang. Au moment où je m'apprête à entrer dans la douche, Maman arrive et me demande de me tourner pour qu'elle puisse voir ma blessure. Elle s'accroupit et examine mes genoux. Ilse me regarde fixement dans le miroir et je place donc mes mains devant mon John Thomas.

« Ça n'est pas très grave. Mais tu devrais mettre des pansements pour éviter que le sang tache ton pantalon ce soir. C'est bête que tu ne puisses pas porter de bermuda, ces genoux devraient rester à l'air libre. »

Maman n'est plus fâchée.

« Où est Papa, maman ?

— Il va nous retrouver à l'école, mon garçon. Il est au bureau. Il y a eu quelques problèmes sur la frontière avec le Mozambique.

— Pourquoi Ilse a pleuré, Maman ? »

Maman me regarde, mais on dirait qu'elle ne va pas me répondre. Elle reste silencieuse un instant, puis elle dit : « Ilse est un peu bouleversée, et Maman aussi... » Elle ferme les yeux avant de poursuivre : « Doreen vient d'appeler. Little-Neville a eu un accident. Il est gravement blessé. »

Ilse s'est remise à pleurer.

« Qu'est-ce qui s'est passé, Maman ? »

Maman soupire et dit : « Il a été brûlé très gravement. Ils ne savent pas encore s'il va vivre. »

Même si je n'ai jamais rencontré Little-Neville, je suis vraiment désolé pour lui parce que c'est l'enfant le plus jeune de Doreen.

« Comment il s'est brûlé, Maman ? »

Maman commence à me dire que c'est une très longue histoire et que nous pourrons en reparler plus tard, mais Ilse l'interrompt :

« Dis-lui, Maman ! Dis à Marnus ce qu'ils lui ont fait » et ses épaules se mettent à trembler, à tel point qu'elle doit se taire.

Je ne sais vraiment pas ce qui se passe et Maman a les yeux remplis de larmes, elle aussi. Maman se relève et se penche sur le lavabo. Elle serre les lèvres et se met à parler lentement : « Little-Neville et un de ses cousins sont allés dans le dépôt de la gare de Touwsrivier – pour voler du charbon. Ils voulaient le donner à la sœur de Doreen, avant que Little-Neville ne parte pour Le Cap. » Elle ferme les yeux avant de continuer : « Quelqu'un l'a attrapé en train de voler. Ils lui ont retiré ses vêtements et lui ont enduit le dos de graisse ou je ne sais quoi. Et puis... ils l'ont mis devant le fourneau de la locomotive. » Maman pleure à présent et j'ai les larmes aux yeux. Je ne sais que faire. Si seulement ma mère et Ilse pouvaient cesser de pleurer, je serais peut-être en mesure de réfléchir. Je pose la main sur le bras de Maman et je dis : « Ne pleure pas, Maman, s'il te plaît. »

Maman me prend dans ses bras et murmure à mon oreille que je devrais prendre ma douche. Je comprends qu'elle murmure pour essayer de ne plus pleurer. Avant d'entrer dans la douche, je jette un coup d'œil du côté d'Ilse. Elle pleure toujours, tournée vers le miroir.

La douche me brûle les genoux, mais je m'y habitue. Pendant que je me lave, je pense au pauvre Little-Neville et à la pauvre Doreen. Ce doit être absolument atroce de se faire brûler comme ça.

Lorsque j'ai fini de me sécher avec la petite serviette, je passe une autre serviette autour de la taille. Au moment où j'entre dans la chambre, Maman m'annonce qu'elle est allée chez les Kemp et qu'elle a invité Zelda à nous accompagner ce soir. Nous devons passer la chercher avant d'y aller.

« Oh, Maman ! Pourquoi est-ce qu'elle doit toujours venir avec nous partout ? dis-je.

— Parce que c'est son unique chance d'être exposée à un peu de culture, et elle ne vient pas *toujours* avec nous. Cesse d'être à ce point égoïste, Marnus, et pense à ton prochain pour une fois.

— *Ja*, Maman », dis-je, agacé à la perspective de la venue de Zelda. Je m'éloigne, mais Maman me rappelle.

« Maman t'aime vraiment, mon enfant. C'est tout ce que je voulais te dire. »

La porte de notre salle de bains est ouverte et je prends la bouteille de mercurochrome dans l'armoire de toilette. Je m'assieds sur les toilettes avec une boule de coton pour désinfecter les écorchures. Au moment où j'imbibe le coton, le général fait son entrée et me demande ce qui s'est passé. Je lui dis que j'ai glissé sur les rochers. Il s'accroupit devant moi et examine mes genoux juste au-dessous de la serviette. Il a les cheveux mouillés et plaqués en arrière et il sent le savon.

« Laisse-moi t'aider » dit-il et il me prend la bouteille et le coton des mains. Il me sourit et ajoute : « Ça va peut-être piquer un peu » et on a l'impression qu'il a dit « un beu » plutôt qu'« un peu ». Il me sourit et écarquille les yeux.

Je hoche la tête et il presse délicatement le coton contre les écorchures, et le rouge du mercurochrome tache le bout de ses doigts. Ses mains sont brunes et couvertes de petits poils noirs qui remontent de ses doigts jusque sur les avant-bras.

« Ça pique fort ?

— Non » dis-je en secouant la tête.

Je lui tends les pansements et il les colle sur mes genoux, de telle sorte que les deux taches rouges sont complètement cachées.

« Mon fils a toujours les genoux écorchés. C'est normal pour des garçons.

— Merci, Mr. Smith.

— Je t'en prie » répond-il et il repart vers la porte. Mais il s'arrête et se retourne vers moi. « Qu'est-ce que je fais de ça ? » demande-t-il, et il ouvre la main qui contient les petits papiers des pansements.

« Oh… donnez-les-moi. Je vais les jeter. »

Il me donne les petits papiers blancs et je regarde fixement son dos quand il sort de la salle de bains.

*Assis en silence, je sens mes muscles se durcir lentement. Je devrais bouger avant que le corps ne refuse d'obéir aux commandements du cerveau.*

*Mais midi, c'est le pire moment de la journée et le soleil est infernal, réduisant même l'ombre en poussière.*

*Je secoue mon pantalon pour sentir mes jambes et ma main touche l'objet plat qui se trouve dans la poche. Après un instant d'hésitation, je défais les boutons. En dépliant la lettre, je remarque les coins mouillés du papier. Sur les bords de chaque page, il y a une petite tache jaunâtre de moisissure. Sueur. Elle ressemble aux feuilles de papier dont nous brûlions les bords quand nous étions enfants, pour leur donner l'apparence de parchemins anciens :*

« 18 mai 1988
St. James

Mon Marnus chéri,

Je suis bouleversée par l'urgence d'écrire ton nom. De t'appeler par ton nom, encore et encore, de m'assurer que tu sais que c'est à toi seulement que je parle et à personne d'autre. Parfois, je me dis que nos besoins fondamentaux deviennent de moins en moins nombreux à mesure que nous vieillissons.

Par la grâce de notre Père Tout-Puissant, les choses se passent bien ici. Le Cap est aussi beau que tu *dois* t'en souvenir. Et à présent, avec la saison des pluies fines et des nuits froides et humides, Papa et moi faisons du feu dans la cheminée et nous écoutons de la musique. Papa était au lit pendant quelques jours avec la grippe (résultat de ses éternelles baignades en hiver, bien sûr – il s'imagine qu'il n'a pas vieilli d'un jour depuis que nous nous sommes mariés). Il s'en est remis et il travaille de nouveau, avec le même acharnement que d'habitude. Il voyage beaucoup et il semble que la fin de la guerre soit proche, mais rien n'est décidé. Je ne suis pas autorisée à écrire plus que cela, tu le comprends, n'est-ce pas ?

Un parasite quelconque s'est abattu sur les gardénias et je ne serais pas surprise si nous n'avions pas une fleur cette année. À part ça, le jardin est vert et les bulbes que nous avons plantés commencent à germer.

Les soirs où ton père n'est pas là, je m'assois de temps en temps au piano et je me mets à penser sans fin à vous deux, si loin de moi (nous avons deux gardes en permanence autour de la maison à présent ; la situation n'est pas aussi tranquille qu'autrefois ; la semaine dernière, ils ont jeté des pierres sur la voiture d'Oncle Samuel ; un automobiliste a été tué après qu'une pierre l'a atteint en traversant le pare-brise ; mon fils, tu devrais voir les bidonvilles le long de la route, ils s'étendent à perte de vue ; lorsqu'il pleut, la nuit, je suis affreusement désolée pour tous ces gens qui doivent vivre dans ces conditions ; à l'église, j'ai commencé une grande collecte de vieux vêtements et de couvertures).

Ilse est venue me voir pendant une semaine, le mois dernier, pendant que Papa était absent. Elle a pris un congé de son travail et, toutes les deux, nous nous sommes amusées comme des jeunes filles. Nous avons vu des films merveilleux à Rosebank et nous sommes allées dîner dans ce petit endroit de Hout Bay (c'est le premier endroit où je t'emmènerai à ton retour !).

Mr. Spiro vend ses stations-service et leur maison est en vente depuis trois mois maintenant. J'ai entendu dire qu'ils en voulaient une somme tellement colossale qu'aucun acheteur n'ose faire une offre. Quand la récession prendra fin, personne ne peut le dire ; partout, les Noirs exigent des sanctions contre nous, et il y a des grèves et des lock-out dans tout le pays ; aucun d'eux ne se donne la peine de réfléchir un instant et de se dire que c'est leur propre peuple qui va en souffrir le plus ; mais, comme dit Papa, le gouvernement ne négociera jamais avec eux tant qu'ils ne renonceront pas à la violence ; la justice n'a pas une épée à la main.

Il s'est passé une chose, il y a quelques semaines, que je veux te raconter. Un après-midi, après que mon dernier élève est parti, je suis montée dans ta chambre pour aller contempler la baie (je le fais de temps en temps). C'était une de ces journées grises d'automne quand la baie est bleu sombre et agitée. Alors que j'étais assise à la fenêtre, perdue dans mes pensées et les yeux fixés sur la mer, j'ai vu quelque chose dans la houle. Ce n'était pas en eaux profondes ; au contraire, à quelques mètres au-delà des rochers. Une baleine ! Marnus, tu peux le croire ? Au milieu de l'automne et si près de la plage ! Et elle frappait la surface de l'eau de sa queue magnifique de temps en temps et elle crachait un immense jet d'écume que je pouvais voir de ta chambre.

Je suis descendue en courant, j'ai attrapé mon vieux pull et appelé Doreen pour qu'elle vienne avec moi. En salopette, elle m'a accompagnée, sous la voie ferrée et jusqu'à la plage. Je n'exagère pas quand je te dis qu'elle n'était pas à plus de cinquante mètres des rochers, dans la petite enclave derrière la piscine de St. James. Elle était si près qu'on pouvait voir les bernacles et les autres parasites sur sa peau. Nous étions sur les rochers à crier chaque fois qu'elle abattait sa queue sur la surface de l'eau avec un bruit assourdissant. C'est vraiment quelque chose que de voir de ses propres yeux la masse d'eau qu'elle projette dans l'air avec cette queue. Puis, Doreen a dit qu'elle aurait aimé que tu sois là pour voir ce poisson gigantesque, toi qui étais tellement passionné par les baleines quand tu étais un petit garçon.

Et ta mère s'est mise à pleurer à ce moment-là parce que je t'ai revu tel que tu étais, avec tes beaux cheveux blonds et tes yeux de la couleur de la baie, un jour d'été.

Je me suis souvenue de toi quand tu marchais par ici, avec tes petits pieds nus et ta canne à pêche sur tes minces épaules. Je ne pouvais plus regarder la baleine et, comme deux vieilles femmes, Doreen et moi, nous avons remonté la colline. À ce moment-là, un vent puissant s'était levé et je devais avoir une drôle d'allure quand nous sommes arrivées à la maison (tu sais comment j'ai les cheveux en bataille dans la brise marine), parce que Doreen m'a regardée avec des yeux comme des soucoupes en entrant dans le hall.

Mon garçon, je dois te dire au revoir, parce que ton père m'appelle en bas et me dit qu'il s'apprête à partir, et je voudrais que cette lettre soit envoyée de son bureau dans le South-West. Quand tu étais ici en décembre, je t'ai demandé gentiment de ne pas retourner dans le bush, mais tu ne m'as pas écoutée. Je te le demande pour la dernière fois : rentre à la maison, s'il te plaît, cet endroit est gris et vide sans toi.

Je termine cette lettre, mais je pense sans cesse à toi. Je prie pour toi, mon petit négrillon.

Avec tout mon amour,

Maman »

*Puis, j'entends quelque chose. Un bruit quelque part sur ma gauche. Je me redresse et j'écoute, la bouche ouverte. Tout est silencieux de nouveau. Peut-être que je l'ai imaginé. Je prends la R4 et je m'appuie dessus pour me mettre debout. Je plie la lettre et je la glisse dans ma poche. L'air est aussi immobile que la mort. Pendant que je reboutonne ma poche, je l'entends encore une fois : une brindille qui craque sous une botte ou peut-être des feuilles sèches arrachées à une branche par un sac mal placé. Je sens mon cœur battre dans mes tempes et la sensation foireuse de la peur s'enroule autour de mes jambes comme une main moite. Je me mets à courir.*

Pendant que nous attendons que le général de brigade Van der Westhuizen vienne chercher notre général, Maman lui parle des Kemp. Elle dit qu'ils sont aussi afrikaners, mais horriblement pauvres. Elle dit que de nombreux Afrikaners étaient pauvres avant la victoire du National Party aux élections de 1948. Avant ça, les Britanniques et les Anglais d'Afrique du Sud possédaient pratiquement tout. Mais depuis que nous avons notre propre gouvernement, la situation a changé. Sauf pour les pauvres Kemp. Maman dit qu'elle essaie de faire tout ce qu'elle peut pour la petite Zelda, parce que Maman sait ce que c'est que la pauvreté.

Le général demande à Ilse pourquoi elle est aussi silencieuse ce soir. J'aimerais qu'il la laisse tranquille parce que, pour une fois, elle est silencieuse justement et qu'elle n'essaie pas de faire comme si elle parlait couramment l'espagnol. Ilse lui raconte ce qui est arrivé à Little-Neville. Il dit qu'il tuerait quiconque aurait fait une chose pareille à son fils et Maman dit que, oui, c'est une chose horrible pour qui que ce soit.

Après le départ du général en compagnie de Van der Westhuizen, nous allons chercher Zelda à Kalk Bay. Ses frères et son père sont tous assis sur la véranda, et ils ont l'air de *Makoppelanders*. Maman sort de la Coccinelle et Mr. Kemp, en se levant, crie quelque chose par-dessus son épaule. Un instant plus tard, Zelda apparaît sur la véranda et descend l'escalier avec lui, en lui tenant la main. Mr. Kemp est en short kaki avec un gilet blanc.

« Elle porte la chasuble verte » dit Ilse et elle fait rouler ses yeux en direction du plafond. « Mon Dieu, regarde un peu à quoi ressemble cette pauvre fille. »

C'est une des vieilles robes d'Ilse avec des petits carrés jaunes partout. Elle est ceinturée à la taille pour empêcher la robe de traîner par terre et Zelda porte ses chaussures lacées de l'école. Elle a mis un ruban vert à son chapeau. Ses tresses rousses pendent sur sa poitrine et, au lieu des pompons habituels, elles sont tenues par des rubans jaune vif. Elle ressemble plus à quelqu'un en route pour le cirque Boswell et Wilkie que pour une distribution des prix.

Pendant que Maman parle à Mr. Kemp, Zelda monte à l'arrière près de moi et Ilse lui dit qu'elle est très jolie.

Puis, nous roulons sur Boyes Drive. Même si le soleil n'est pas encore couché, la lune est déjà visible au-dessus des Hottentots-Holland. Maman dit que, ce soir, la montagne ressemble à des tuyaux d'orgue violets contre le ciel bleu.

Plus personne ne parle et nous roulons en silence. Lorsque nous approchons de Newlands, Maman dit à Ilse qu'elle ne devrait pas se laisser affecter par ce qui est arrivé à Little-Neville. Ce soir, c'est sa distribution des prix et comme elle a travaillé dur, elle se doit à elle-même de profiter de chaque instant. Maman dit que nous devons nous souvenir que la vie n'est pas toujours facile. Le Seigneur peut parfois semer notre voie d'embûches, mais c'est dans des moments comme ceux-là que nous devrions toujours nous souvenir de Job. Ce n'est pas non plus à nous de demander *pourquoi* ces choses nous arrivent. C'est la volonté du Seigneur et le mieux que nous puissions faire, c'est de prier pour que Little-Neville vive. Ilse dit que ce qui rend la chose encore pire, c'est que trois Blancs se sont acharnés sur lui.

« C'était vraiment des Blancs, Maman ? » dis-je en me penchant entre les sièges. Les boucles d'oreilles en or de Maman se balancent pendant qu'elle me répond :

« Oui, mon fils. Mais ce n'est pas ce qui va faire guérir Little-Neville... et ce n'était sans doute pas bien de sa part de voler du charbon. »

Ilse tourne la tête vers Maman et plisse les yeux. Elle ouvre la bouche comme si elle allait dire quelque chose et puis se tourne vers la fenêtre de nouveau. Je me demande ce que pense Maman et pourquoi elle ne dit plus rien. Même si Little-Neville a volé du charbon, je ne pense pas que ce soit bien que quelqu'un veuille le faire frire sur un moteur de locomotive. Que Little-Neville soit coloured ou pas, on ne devrait pas faire des choses pareilles, surtout à un enfant. Ça a dû être vraiment atroce quand ils l'ont mis devant cette chaudière brûlante. Il a dû hurler de manière horrible et je me demande si quelqu'un l'a entendu.

« Maman, dis-je et je me penche un peu plus entre les sièges pour la regarder, est-ce que quelqu'un est allé l'aider quand il a crié ?

— Marnus, répond-elle d'une voix douce, nous ne savons pas s'il a crié, nous ne savons même pas ce qui s'est vraiment passé là-bas…

— Mais, Maman, il a forcément crié. Ça doit être horriblement douloureux d'être brûlé comme ça. Quand nous faisons un *braai* et qu'une braise minuscule se glisse sous mon pied… »

Maman m'interrompt : « Marnus, mon garçon, s'il te plaît. Attendons d'entendre de la bouche de Doreen ce qui s'est passé exactement. Spéculer ne nous mènera à rien de bon.

— Mais, Maman, pourquoi les Blancs ont fait ça ?

— Mon cher enfant, dit-elle et sa voix paraît lasse, si je le savais, je te le dirais. Mais tous les Blancs ne sont pas des Chrétiens. Souviens-toi, il y a aussi des Blancs des classes inférieures. Les gens des chemins de fer ne sont pas du tout éduqués en général. »

Ilse se tourne pour regarder Maman et dit : « Oh, et où Maman a-t-elle entendu dire que c'était des gens des chemins de fer ? » Maman s'éclaircit la gorge et dit qu'elle a supposé que c'était des gens des chemins de fer parce que ça s'est passé sur une locomotive.

Je recule dans mon siège et je croise le regard de Zelda qui me fixe de ses grands yeux. Soudain, je me souviens qu'elle m'a dit l'autre jour que son père allait travailler dans les chemins de fer, l'année prochaine. Je lui demande si elle a entendu parler de cette histoire du fils de Doreen grillé devant une chaudière de locomotive à Beaufort West. Elle secoue la tête et je lui dis que Little-Neville va peut-être même en mourir. Je lui dis aussi que ce sont trois Blancs qui l'ont fait griller.

« Qu'est-ce qui va leur arriver à eux ? » demande-t-elle.

Je hausse les épaules et je me penche entre les sièges : « Maman, est-ce que les hommes qui ont grillé Little-Neville vont aller en prison ?

— Marnus… s'il te plaît, mon petit négrillon. »

Je sens bien que Maman ne veut plus que je parle.

« Il a quel âge, le fils de Doreen ? » me demande Zelda. Je ne suis pas sûr de savoir quel âge il a, mais j'ai trop peur de demander à Maman. Ilse répond, depuis l'avant, sans se retourner : « Il a dix ans, Zelda. »

Nous sommes tous de nouveau silencieux à présent. Little-Neville a un an de moins que moi. Il a donc un an de plus que Zelda et le même âge que les jumeaux Spiro.

En roulant sur De Waal Drive, le long de Table Mountain, on peut voir la ville s'étirer sur ses pentes, puis remonter vers Kloof Neck et le Bo-Kaap, au-dessous de Leewkop, avant de redescendre vers Table Bay. Quand la mer est calme comme aujourd'hui, Robben Island a l'air de se rapprocher de la côte. Autrefois, Robben était une léproserie. De nos jours, c'est une prison où sont détenus les criminels les plus dangereux. Le directeur de la prison est le père de Theo De La Bat. Theo est dans la classe d'Ilse et il est pensionnaire à l'école. Je me demande si les De La Bat n'ont pas peur sur cette île, le week-end, entourés de voleurs et d'assassins. Je pense que ce fou de Tsafendas qui a assassiné Verwoerd est aussi sur l'île avec tous les Noirs dangereux qui veulent s'emparer du pays. Peut-être que les hommes qui ont brûlé Little-Neville seront envoyés à Robben Island. Peut-être qu'ils devront casser des cailloux pendant le reste de leur vie, ou peut-être qu'ils seront pendus, qui sait ?

Maman se gare dans le parking qui se trouve à côté de la piscine de l'école. Ilse sort immédiatement parce qu'elle doit aller s'échauffer avec la chorale. C'est elle qui les accompagne au piano. Avant qu'elle ne s'éloigne, Maman dit : « Souviens-toi, ma fille, nous croisons les doigts. Mais si tu n'es pas élue, ça n'a aucune importance. »

Ilse sourit à Maman à travers la fenêtre et dit merci.

« Et Papa va arriver d'une minute à l'autre » ajoute Maman.

Papa dit toujours qu'il aimerait que Oupa et Ouma Erasmus soient encore vivants. Ils seraient si fiers de la réussite de leurs petits-enfants. C'est très triste pour mon père que Oupa et Ouma n'aient pas eu la chance de nous voir grandir, Ilse et moi ; Ouma surtout, parce qu'elle nous aimait vraiment.

Je me glisse entre les sièges pour m'asseoir à l'avant, mais j'oublie mes genoux écorchés et je pousse un cri de douleur.

« Voilà ce qui arrive quand on grimpe par-dessus les sièges » dit Maman.

Puis elle se tourne vers Zelda et lui dit qu'elle peut retirer son chapeau. Il n'est pas vraiment nécessaire de porter un chapeau à une distribution des prix. Mais Zelda répond qu'elle veut le garder parce que sa mère est sortie tout spécialement pour lui acheter le ruban vert pour ce soir. Maman sourit et dit que, bien sûr, elle peut le garder sur la tête.

Zelda prend la main de Maman et nous descendons l'allée qui sépare le dortoir de la maison qui abrite la Boerneef Collection. J'essaie de me tenir aussi loin que possible de Zelda, au cas où quelqu'un me reconnaîtrait. Nous montons l'escalier au bout du hall pour aller nous asseoir parmi les invités d'honneur. Comme mon père est président du comité de l'école, nous devons être assis avec les autres membres du comité.

Tout le monde est en costume ou en robe élégante, mais je trouve que Maman est la plus jolie de toutes les mamans. Les femmes portent toutes de l'or et des bijoux qui, pour moi, ressemblent à des diamants. Les gens sont tous habillés comme lorsqu'il y a un concert à l'hôtel de ville. Certains viennent parler à Maman, parce que tout le monde sait qui elle est, de l'époque où elle était célèbre. Certains lui demandent où est mon père, d'autres lui souhaitent bonne chance pour Ilse. Je trouve que c'est idiot que les gens viennent souhaiter bonne chance à ma mère pour ma sœur – après tout, ce n'est pas ma mère qui est censée devenir présidente des élèves.

Zelda m'agace vraiment à présent. Elle est tout le temps penchée en avant sur sa chaise et elle regarde fixement tout le monde. Puis, elle fait tomber son programme sous les chaises des gens qui sont assis devant nous. Maman lui dit de se tenir tranquille et c'est moi qu'elle envoie sous les chaises pour récupérer le programme. Je m'agenouille sur le plancher et mes genoux écorchés me font terriblement mal de nouveau. J'aurais préféré que Zelda ne soit pas venue.

Heureusement, Papa arrive quelques instants plus tard. Il porte son uniforme et ses épaulettes de général. Tout le monde le regarde et il doit serrer un nombre considérable de mains avant de pouvoir nous rejoindre. Il se penche, nous embrasse et s'assied entre Maman et Zelda. En s'asseyant, il donne une petite pression sur la main de Zelda. Au bout d'un moment, je dis à Zelda de changer de place avec moi afin que je puisse être assis à côté de mon père.

La distribution des prix commence. Tout d'abord, toutes sortes de discours idiots et puis ils commencent à distribuer les prix. Ilse obtient un prix au titre de première de sa classe et un autre au titre de capitaine de l'équipe de basket. Quand Ilse monte sur la scène pour recevoir son prix, le proviseur dit qu'elle a été aussi, l'année dernière, une véritable ambassadrice pour l'Afrique du Sud et pour Jan-Van-Riebeeck, quand elle était à l'étranger. Elle obtient une autre récompense parce que sa coéquipière et elle sont arrivées secondes au concours national de débat des *Rapportryers*. Quand Ilse doit participer à ces débats, mon père l'aide à préparer ses discours, mais ces derniers temps ils se sont disputés à propos de tout. Le sujet du débat des *Rapportryers* était : le développement séparé est moralement justifié. Dans son discours, Ilse devait dire que tous les gens sont égaux et qu'on pouvait le voir aux millions de rands que le gouvernement distribuait aux Noirs pour développer leur pays. Papa et Ilse se sont beaucoup disputés parce qu'elle pense toujours qu'elle en sait plus long que lui. Elle boudait en recopiant mot pour mot ce que Papa lui dictait.

Ilse a participé à des débats depuis qu'elle a douze ans. Pour chaque discours qu'elle a fait, elle a utilisé la même conclusion. Quel que soit le sujet abordé, Papa lui montre comment adapter la conclusion pour que ça colle. Papa dit que c'est le genre de conclusion qui touche l'auditoire en plein cœur. Ça se présente comme ça : « Mesdames et messieurs, monsieur le président, membres du jury », et après un long silence, elle continue : « Croyons en notre avenir », puis un autre long silence : « Croyons en nous-mêmes », et après un nouveau silence pendant lequel elle regarde les membres du jury dans les yeux, elle dit : « Mesdames et messieurs, monsieur le président… croyons en Dieu. »

Après que la chorale a fini de chanter, le proviseur remonte sur la scène et se place derrière le pupitre. Les noms des préfets et des chefs de classes pour l'année 1974 vont être annoncés. Il lit les noms. Tous les préfets montent sur le côté de la scène et tout le monde applaudit. Les préfets s'alignent de chaque côté du proviseur et font face à l'auditoire. Les garçons sur la gauche, les filles sur la droite. Lorsqu'il annonce le nom d'Ilse, nous nous mettons à applaudir à tout rompre.

Le proviseur dit qu'il va maintenant annoncer les noms des vice-présidents des garçons et des filles. Il regarde sa petite feuille de papier et Papa sourit comme s'il savait déjà. Je sais qu'Ilse ne sera pas la vice-présidente des filles, parce que nous pensons tous que ce sera Karien Botha. Le proviseur annonce : « La vice-présidente des filles pour 1974 est... Karien Botha. » Tout le monde applaudit et Karien met ses mains devant sa bouche et se met à pleurer. Je lève les yeux vers Maman. Elle applaudit et fait un grand sourire. Deux personnes devant nous se retournent pour sourire à mon père et à ma mère.

Le proviseur annonce le nom du vice-président des garçons. C'est le type qui fait toujours les débats en équipe avec Ilse. Je crois qu'Ilse va être déçue parce qu'elle avait vraiment envie qu'il soit président des élèves. Les applaudissements cessent et l'assemblée redevient complètement silencieuse.

« Je vais maintenant annoncer le nom du président et de la présidente des élèves pour l'année prochaine – le moment que vous attendez tous », dit le proviseur, et il baisse de nouveau la tête vers son papier. La salle devient plus silencieuse encore et je croise les doigts pour Ilse. À présent, j'ai vraiment envie qu'elle soit présidente même si elle me traite toujours comme un moins que rien. Et si le proviseur se trompait de nom en lisant ? S'il avait jeté le papier avec le nom d'Ilse en pensant que c'était autre chose ? Ce serait atroce pour la pauvre Ilse.

Il s'éclaircit la gorge et parcourt du regard l'assemblée. Puis, il baisse les yeux vers son papier et dit : « La présidente des filles pour 1974 est… Ilse Erasmus ! »

Tout le monde applaudit. Ilse est là-bas, souriante, pendant que les filles autour d'elle l'embrassent et la serrent dans leurs bras. Des larmes coulent sur les joues de Maman et Papa sourit – je ne l'ai jamais vu plus fier qu'aujourd'hui. Ilse marche dans ses pas à présent. Je ne peux pas m'empêcher de me sentir fier d'elle et Zelda applaudit tellement fort qu'on a l'impression qu'elle va se déboîter les bras. Les gens des rangées devant nous se tournent pour féliciter Papa et Maman.

Quand les applaudissements s'apaisent, mon père pose sa main sur mon épaule et m'attire contre lui. Il me fait un clin d'œil et puis il regarde de nouveau vers la scène où le proviseur s'apprête à donner le nom du président des élèves. Tout le monde prédit que c'est le type qui va jouer ailier pour le Craven Week de l'année prochaine. Mais Papa dit qu'il n'est pas très généreux avec le ballon. Le truc que Papa ne peut pas supporter, c'est quand quelqu'un n'est pas généreux au rugby.

Le proviseur demande à l'assemblée de se lever pendant l'exécution de l'hymne, « Die Stem ». Il hoche la tête en direction d'Ilse et elle traverse la scène jusqu'au piano. Le proviseur hoche la tête encore une fois et Ilse commence à jouer. Chacun s'éclaircit la gorge pour se préparer à chanter. Au milieu de l'introduction, Ilse, soudain, s'interrompt. Toutes les têtes se tournent vers elle. Elle est penchée, les yeux rivés sur ses mains.

Puis, elle reprend, mais juste au moment où nous sommes sur le point de chanter : « Ringing out from our blue heavens », elle s'interrompt de nouveau !

Papa et Maman froncent les sourcils tous les deux. Je crois qu'Ilse est trop excitée d'avoir été nommée présidente des élèves pour pouvoir jouer.

À l'instant où le proviseur s'apprête à demander à quelqu'un d'autre de jouer, Ilse entame l'introduction pour la troisième fois. Cette fois, elle frappe les touches avec une telle violence que sa queue-de-cheval se met à rebondir d'un côté et de l'autre dans son dos. Tout le monde la regarde, attendant de savoir quand commencer à chanter. Je sens mon père se raidir à côté de moi. D'habitude, lorsqu'on parvient aux dernières notes de « Die Stem », chacun se met à chanter un peu plus lentement, afin de faire durer la fin. Mais, ce soir, les voix sont à la traîne du piano, parce que Ilse joue tout à la même cadence, elle ne laisse pas s'étirer le « At Thy will to live or perish, O South Africa, dear land ».

Elle rejoue alors les premiers accords, tout comme au début, et après avoir raté quelques mesures, l'auditoire commence à reprendre l'ensemble. Quelques rares personnes connaissent le second couplet de « Die Stem » parce qu'on ne chante en général que le premier, et donc la plupart des gens répètent les mots qu'ils connaissent. Ceux qui connaissent les mots du deuxième couplet chantent : « In the promise of our future and the glory of our past... », pendant qu'une grande partie des gens qui se trouvent autour de nous permutent accidentellement les mots du deuxième couplet et du quatrième, et chantent : « That the heritage they gave us for our children yet may be : Bondsmen only to the Highest and before the world free... » Et Ilse continue de jouer comme s'il n'avait jamais été question de ne chanter que le premier couplet.

Lorsque nous terminons le deuxième couplet, l'assemblée veut de nouveau faire durer les dernières mesures, mais Ilse s'en tient à sa cadence et entame le troisième couplet. Même s'ils sont au garde-à-vous, les autres préfets jettent des coups d'œil rapides en direction d'Ilse. On dirait que personne ne connaît les mots de ce couplet, parce que ça paraît confus et un peu bizarre à présent. Pendant que certains d'entre nous chantent : « When the wedding bells are chiming, or those we love depart, Thou dost know us for Thy children and dost take us to Thy heart... », la plupart des gens répètent : « From our plains where creaking wagons cut their trails into the earth... »

Mais tout le monde comprend maintenant que nous allons devoir chanter l'ensemble des quatre couplets, et lorsque nous arrivons à la fin du troisième, personne n'essaie de le faire durer. La voix puissante de ma mère s'élève au-dessus des autres et tandis que la plupart des gens chantent : « At Thy call we shall not falter... », elle chante : « As our fathers trusted humbly, teach us, Lord, to trust Thee still : Guard our land and guide our people in Thy way to do Thy will. » Tout ça a une sonorité étrange et je crois que « Die Stem » n'a jamais été aussi long qu'aujourd'hui. Quand la confusion prend fin, Ilse fait passer plusieurs fois ses doigts sur toute la longueur du clavier et plaque quelques accords sonores pour signifier que c'est terminé. Un silence absolu règne dans la salle. On a l'impression que tout le monde attend qu'il se passe quelque chose. Finalement, les gens se décident à s'asseoir.

Le proviseur nous demande d'incliner la tête pour une prière. Papa et moi, nous nous levons avec tous les autres hommes, et le proviseur commence la prière. Il remercie Dieu d'avoir permis à Jan-Van-Riebeeck d'obtenir de si bons résultats cette année en rugby et en basket, et il demande que l'école en soit gratifiée aussi l'année prochaine. Pendant qu'il prie, j'ouvre les yeux pour voir ce que fait Ilse. Je n'arrive pas à décider si ses yeux sont fermés ou non, mais sa tête est penchée en avant, au point de toucher presque le piano. À cette distance, derrière le grand piano, elle me paraît tellement petite, bien plus petite que d'habitude. J'entends la prière du proviseur qui approche de l'Amen final et je referme les yeux pour pouvoir les ouvrir de nouveau en même temps que tout le monde.

Pendant que nous attendons Ilse dans le foyer, des gens très nombreux viennent saluer et féliciter mon père et ma mère. L'un d'eux est un professeur d'Ilse.

« Félicitations, dit-il. Elle le mérite totalement.

— Merci, Pieter, dit Maman. C'est merveilleux qu'elle devienne préfète – c'est vraiment tout ce que nous espérions. »

Après le départ de la plupart des gens venus le saluer, une fois seul avec le professeur, Papa lui demande s'il a remarqué un changement dans le comportement d'Ilse depuis son retour de Hollande. Le professeur réfléchit un instant avant de répondre.

« Vous savez, Général, c'est comme si... comment dire... elle était devenue très critique au cours de l'année qui vient de s'écouler. Par moments, un peu imprévisible... comme ce soir, avec l'hymne national... mais c'était peut-être dû à l'excitation... Mais, bon, vous comprenez ce que je veux dire ?

— Oui, dit Papa. Nous n'arrivons pas à comprendre ce qui se passe dans sa tête. Ce qui est d'autant plus étrange, c'est qu'elle réussisse si bien en tout, en dépit de cette attitude nouvelle.

— Oh, oui, c'est une des meilleures élèves que nous ayons eues à Jan-Van-Riebeeck » dit le professeur et il hoche la tête. « Mais comment pourrait-on dire... on dirait qu'elle voudrait remettre en cause votre autorité – jamais avec moi, bien entendu – mais d'autres enseignants se sont plaints du fait qu'elle devenait... » Mais il s'interrompt au milieu de sa phrase quand Ilse et une amie approchent.

« Félicitations, ma fille » dit Maman, et elles se serrent dans les bras l'une de l'autre.

« Merci, Maman » dit-elle et puis elle embrasse mon père, Zelda ensuite et j'ai enfin droit à un baiser. D'autres parents et leurs enfants viennent la féliciter et faire grand cas d'elle. Une fois que tout le monde est passé, nous retournons à la voiture.

Papa dit qu'il doit retourner au bureau et va peut-être devoir rester tard, parce qu'il y a eu une nouvelle attaque terroriste au Mozambique. Il se pourrait même qu'il doive s'envoler pour Pretoria plus tard dans la soirée. Papa serre Ilse dans ses bras et lui dit qu'il est vraiment désolé de ne pas être à la maison pour célébrer son succès avec nous tous. Il dit qu'il lui revaudra ça une autre fois. Puis, il me sourit et dit :

« Et la prochaine fois, grand garçon, ce sera ton tour. »

Papa n'a pas le temps d'aller chercher Mr. Smith et il demande donc à Maman de passer le prendre chez le général de brigade Van der Westhuizen sur le chemin du retour. Nous entassons tous les trophées d'Ilse derrière le siège arrière et nous disons bonne nuit à Papa.

« Et qu'est-ce que tu penses de la nouvelle présidente ? » demande Maman à Ilse au moment où la Coccinelle s'engage dans De Waal Drive.

« Oh, elle fera tout ce qu'on attend d'elle » répond Ilse, le regard tourné vers la ville.

« Et l'hymne ? » dit Maman.

Ilse reste silencieuse un instant, puis dit : « J'avais simplement envie de jouer un peu…

— Pas vraiment le moment ni l'endroit pour *jouer un peu*, non, ma fille ? » Il y a une pointe de colère dans la voix de Maman. Ilse garde la tête tournée vers la fenêtre sans répondre.

Maman poursuit : « Mr. Rautenbach dit que c'est un peu comme si tu avais changé au cours de l'année qui vient de s'écouler – depuis que tu es revenue de Hollande. N'est-ce pas ce que Papa dit lui aussi ? Que tout est sujet à critique pour toi, que tu n'arrêtes pas de répondre ? » On dirait que Maman attend une réponse, mais lorsque Ilse reste figée dans le silence, elle ajoute : « Ma chère Ilse. Il va falloir que tu réfléchisses à ce qui t'arrive. Tous ces talents dont Dieu t'a gratifiée – ils vont être gâchés si tu n'apprends pas à faire ce que la société attend de toi. C'est comme si tu voulais cacher ton talent. En dépit de ta capacité à bien faire en tout, une fois que les gens te prennent en grippe, tout ton talent devient inutile. Une fois que tu as perdu toute popularité, tu peux toujours courir pour essayer de retrouver une position éminente. Tu entends ce que te dit Maman ?

— Être populaire n'est pas tout, Maman.

— Peut-être que non, mais être impopulaire peut devenir infernal.

— Comme ça doit l'être pour Tannie Karla, dit Ilse.

— Ilse, dit Maman et j'entends à son ton qu'elle devient furieuse, tu essaies de jouer au plus malin avec moi ? Avant même de t'en rendre compte, tu vas peut-être finir exactement comme elle !

— Et alors ? Tu vas me bannir de la maison aussi ? » demande Ilse à voix basse.

Maman reste silencieuse un moment. Puis elle dit : « Ne gâchons pas la soirée davantage. » Et elle allume la radiocassette pour écouter Sarah Vaughan chanter : « *It shouldn't happen to a dream.* »

Lorsque nous arrivons chez Van der Westhuizen, Maman va chercher le général. Ilse vient s'asseoir sur le siège arrière pour qu'il puisse s'asseoir à l'avant. Zelda s'est endormie et Ilse prend le chapeau et laisse Zelda reposer la tête sur ses genoux. Elle relève les jambes de Zelda et les pose sur les miennes. La lumière du réverbère passe à travers et donne au visage de Zelda un aspect de cire, aussi blanc que ceux des *katjiekrulkopkinders*. Ses cils et ses sourcils sont poil-de-carotte et j'arrive à distinguer les veines minuscules sur ses paupières. Ses tresses montent et descendent au rythme de sa respiration et sa bouche est entrouverte. Elle a le front légèrement plissé. En la regardant avec ses jambes posées sur les miennes, je la trouve jolie tout à coup. Frikkie et moi devons cesser de la harceler. De plus, ça ne doit pas être très agréable d'être si pauvre et d'avoir à porter les vieilles robes d'Ilse.

Maman revient vers la voiture en compagnie du général. Pendant le trajet de retour à la maison, il demande à voir les trophées d'Ilse et elle les prend derrière le siège pour les lui montrer.

Arrivés chez les Kemp, le général descend de la voiture avec Maman et il porte Zelda jusqu'à la porte d'entrée sur la véranda. Maman tient le chapeau de Zelda à la main.

Lorsque nous arrivons à la maison, nous allons au salon et Maman ouvre une bouteille de champagne pour fêter l'événement. Bien qu'on ne soit pas dimanche, Maman me verse un demi-verre et Ilse a droit à un verre plein. Puis, Maman retire ses chaussures et s'assied dans le fauteuil, les pieds ramenés sous elle.

Après avoir porté un toast à Ilse, le général lui dit : « Tu dois vraiment être quelqu'un pour faire tant de choses si bien. Que fais-tu en dehors de remporter des trophées ? »

Ilse rit et dit : « J'adore lire – comme je vous l'ai dit. Je n'ai pas le temps de faire autre chose.

— Tu lis aussi des histoires d'amour ? » demande-t-il en souriant à ma mère et à Ilse ensuite.

« Oh, n'importe quoi. Je lis tout ce qui me tombe sous la main. En ce moment, je lis *Moby Dick*. » Elle roule des yeux dans ma direction et dit : « C'est le seul bon conseil que m'ait jamais donné mon petit frère. Vous l'avez lu, Mr. Smith ? »

Je sais que le *Moby Dick* d'Ilse est différent de celui que j'ai lu, mais pourquoi doit-elle m'appeler *petit frère* devant le général ! Elle est tellement prétentieuse, j'aimerais vraiment que quelque chose mette fin à son arrogance. Quand le moment viendra, je lui rappellerai ce qui est arrivé à Nabuchodonosor et peut-être aussi le fait qu'elle a lu la lettre de Tannie Karla en cachette de Maman.

« Oui, je l'ai lu, dit le général. C'est une des plus grandes histoires jamais écrites sur la mer et la pêche à la baleine. »

Ilse réplique alors qu'elle pense que c'est bien plus qu'une histoire de pêche à la baleine. Le général fronce les sourcils et Ilse dit quelque chose à propos du capitaine Achab et de Queequeg qui représentent des choses différentes, et sur le fait qu'Ismaël doit choisir entre les deux.

Le général passe la main sur sa moustache et demande : « Et toi, tu as quelqu'un comme Queequeg dans ta vie, un inconnu sombre et mystérieux ? »

Ilse, intimidée, rit et répond que non.

« Et pourquoi pas ? Une jolie fille comme toi, à ton âge… Vraiment ? »

Ilse reste silencieuse quelques secondes. Puis elle jette un coup d'œil à Maman de l'autre côté de la pièce et dit : « *Gracias* pour le compliment, Mr. Smith. Mais je ne suis pas autorisée à voir des inconnus. »

Maman fait claquer sa langue et dit : « N'importe quoi, Ilse ! Tu as le droit d'avoir qui tu veux comme ami. »

Je pense aussi qu'Ilse raconte n'importe quoi, parce que je suis l'ami de Jan Bandjies et même si Jan n'est pas vraiment un pêcheur de baleine comme Achab ou Queequeg, tous ses ancêtres étaient sur des baleiniers, et c'est donc à peu près pareil. Je suis sûr qu'Ilse est simplement en train de flirter avec le général en inventant toutes ces histoires.

Il sourit et dit : « Eh bien, me voilà… et je suis un inconnu, non ? » Il écarquille les yeux comme pour bien montrer qu'il l'a vraiment coincée.

Mais Ilse secoue la tête et dit : « Non, non, pas réellement. Vous n'êtes pas un inconnu...

— Oui, je suppose. Mais je viens d'un pays lointain. Un pays aux nombreux mystères ! »

Ilse garde le silence un instant, puis elle dit : « C'est vrai, mais vous êtes tout de même... un général... comme mon père.

— Je suis néanmoins un étranger » dit-il en souriant à ma mère.

Mais Ilse persiste à secouer la tête et elle ajoute : « Vous êtes comme mon père, comme le capitaine Achab. »

Le général bascule la tête en arrière et rit : « Est-ce que le fait que nous soyons tous les deux des généraux nous transforme en capitaine Achab ? » Et il dresse un sourcil tout en souriant, de telle sorte que la blancheur de ses dents contraste avec le noir de sa moustache. Ilse hausse les épaules et marmonne quelque chose comme quoi ce n'est pas vraiment la question. Ensuite, elle prend un air boudeur.

Maman propose à Mr. Smith un autre verre de champagne. Je suis sûr à présent qu'il se passe quelque chose entre Ilse et lui. J'observe Ilse du coin de l'œil. Je ne comprends rien à cette histoire d'étranger. Je suis sûr qu'ils ont un secret.

Le général demande à Maman si elle voudrait bien chanter une chanson pour lui. Maman ne chante jamais devant des inconnus, mais je crois qu'elle est de très bonne humeur ce soir, parce qu'elle rit de toutes les plaisanteries du général. Peut-être que je pourrais lui demander de parler de sa cicatrice dans le dos, mais je redoute que Maman dise que c'est une question trop personnelle. Ilse dit que Maman devrait chanter une chanson de Jacques Brel. « Les Désespérés » par exemple ? Mais Maman veut chanter quelque chose d'un peu plus gai pour commencer. Le général lui demande de chanter quelque chose de spécial, qui lui permettra de se souvenir d'elle. Il va peut-être dormir chez Van der Westhuizen demain soir et c'est donc sa dernière soirée avec nous. Quand il dit ça, je jette un rapide coup d'œil à Ilse pour voir ce qu'elle fait, mais elle reste assise sans bouger, comme si elle n'avait rien entendu.

Le général insiste pour que maman chante une chanson qui lui permette de se souvenir d'elle, chaque fois qu'il l'entendra à l'avenir. Maman s'assoit au piano et de là où je me trouve, je peux voir ses pieds sur les pédales, et la couture de ses collants courant sur les orteils. Ilse se lève et ouvre la table d'harmonie. Avant de se mettre à chanter, Maman regarde le général et dit : « Je vais chanter une chanson de Gershwin. Mais vous ne devez pas en parler à Johan. Il déteste le jazz.

— *Affirmativo*. C'est promis » dit le général et il me fait un clin d'œil.

Ilse ricane et dit à Maman qu'elle devrait attendre une seconde. Elle sort en courant et revient avec des bougies argent et une boîte d'allumettes. Maman éclate de rire et dit à Ilse qu'elle est en train de produire un véritable spectacle. Ilse baisse les lumières. Puis elle installe les bougies sur le piano et les allume. Personne ne peut comprendre les humeurs d'Ilse. Elles semblent changer plus vite que les marées. Il y a quelques secondes à peine, elle était assise à faire la moue et voilà qu'elle est maintenant la belle du bal ! Ilse s'écarte du piano et annonce : « Messieurs, j'ai l'honneur de vous présenter... après une absence de vingt ans... Miss Leonore Stein ! » Nous applaudissons et Maman incline la tête avec un air timide.

Maman chante « *Summer Time* » de George Gershwin. Elle chante lentement, comme dans le vrai jazz, et elle bouge les épaules comme pour une danse langoureuse. Ses bras et ses épaules suivent le rythme lent et la robe violette tombe en cascade sur le tabouret de piano. Maman paraît si belle au piano. À la lumière des bougies, sa peau prend un aspect lisse et rose, et j'aimerais que le monde entier puisse voir ma mère. Elle chante la chanson de nouveau, la seconde fois à un rythme un peu plus rapide, et elle l'accompagne de très beaux accords au piano. Quand elle a terminé, nous applaudissons et Maman se lève et s'incline comme dans un vrai récital.

Le général prononce une longue phrase en espagnol et Maman le remercie en disant que même si elle ne comprend pas l'espagnol, ça ressemblait à un compliment. Il dit que la voix de Maman l'a profondément ému.

« Est-ce que tout le monde est espagnol au Chili, Mr. Smith ? » dis-je.

Il rit. Et répond : « Nous ne sommes pas vraiment espagnols. La plupart d'entre nous sommes chiliens, mais nous parlons tous espagnol.

— La plupart des Chiliens ont des ancêtres espagnols et indiens, n'est-ce pas, Mr. Smith ? » demande Ilse.

Il répond *Si* et prie Maman de bien vouloir chanter une autre chanson. Elle accepte, mais nous annonce que nous allons devoir aller nous coucher ensuite. Il y a encore un jour d'école et si nous ne nous couchons pas bientôt, le réveil va être difficile.

Maman chante « Les Désespérés » de Jacques Brel. Elle chante d'une voix douce et lente, en appuyant bien les notes, le regard perdu dans le vague. Sa voix vibre et dérive à travers toute la maison. Je regarde Ilse qui a les yeux fixés sur Maman. Je vois des larmes rouler sur ses joues et je me demande si elle pleure parce que Maman chante ou parce que le général s'en va. Mais je crois que c'est à cause de la voix de Maman. Même si je ne connais pas grand-chose au chant, je n'ai jamais entendu quelqu'un chanter comme elle. Mimi Coertse elle-même ne lui arrive pas à la cheville ce soir.

Lorsque les dernières notes disparaissent, nous n'applaudissons pas immédiatement. La maison est complètement silencieuse et Maman garde les yeux rivés sur le piano.

« *Hermoso, hermoso*... c'était exquis » dit le général, brisant le silence. Maman se tourne lentement vers nous. Elle sourit et dit qu'il est temps pour nous d'aller nous coucher.

Avant que je ne puisse m'en empêcher, je regarde Ilse et je dis : « Avant ça, Ilse doit chanter la chanson de la truite. » Ilse me dévisage comme si j'étais devenu dingue, parce qu'elle sait très bien que je ne supporte pas de l'entendre chanter. J'écarquille tellement les yeux qu'elle peut voir que j'ai demandé ça sincèrement, mais Maman intervient avant qu'Ilse ait pu répondre :

« Oh, Marnus, il est déjà si tard... »

Je veux que le général entende la chanson préférée de mon père, je fronce les sourcils et je fais une grimace pour montrer à quel point je veux l'entendre chanter.

« Je ne suis pas d'humeur à chanter ce soir, lâche Ilse.

— Oh, Maman, dis-je sur un ton suppliant, dis à Ilse qu'elle doit chanter la chanson de la truite pour Mr. Smith, juste une fois, s'il te plaît, Maman.

— Marnus, répond ma mère, il est tard et Ilse n'a pas envie de chanter. Au lit, tous les deux. »

Ilse se lève pour dire bonne nuit, mais je continue : « Une fois, c'est tout, s'il te plaît, juste un couplet... »

Maman me coupe la parole en afrikaans : « Arrête ces bêtises à présent, Marnus. Tu mets Ilse mal à l'aise devant cet homme que l'on ne connaît pas. Au lit. »

Je regarde le général, qui est assis dans son fauteuil et sourit. Même s'il ne comprend pas l'afrikaans, je sais que je viens de me couvrir de ridicule. Nous disons bonne nuit et pour une fois Ilse ne fait pas son numéro de *buenas noches*. Ce soir, elle est muette comme une carpe. Pendant que nous nous brossons les dents, je lève les yeux vers elle et je lui dis : « Je sais très bien pourquoi tu n'as pas voulu chanter la chanson de la truite. »

Elle finit de se brosser les dents, se penche pour se rincer la bouche et je regarde sa longue queue-de-cheval dans son dos. Elle s'essuie la bouche avec la serviette et demande : « Ah oui ? C'est quoi, ta théorie ?

— Ne t'inquiète pas, dis-je, je ne suis pas tombé de la dernière pluie. » Elle fait rouler ses yeux et s'éloigne de la salle de bains sans répondre.

Je retire mon pantalon sans le frotter contre mes genoux. J'enfile mon pantalon de pyjama, mais il fait trop chaud pour dormir avec la veste. Une fois la lumière éteinte, je me déplace vers le lit en faisant attention à ne pas me cogner les genoux contre quoi que ce soit. Soudain, je me souviens que c'est peut-être la dernière soirée que le général passe chez nous. Je pense à la cicatrice dans son dos et j'aimerais pouvoir la voir une dernière fois. Je me relève lentement de mon lit et j'avance sur la pointe des pieds jusqu'au centre de la chambre. C'est presque la pleine lune et la lumière passe à travers la fenêtre. Quand le tapis est roulé, deux petites taches de lumière brillent sur le plancher. Je me couche sur le côté afin que mes genoux ne frottent pas contre le sol. Je les replie quand je me mets à plat ventre.

Le général est debout devant la coiffeuse d'Ouma et il se contemple dans le grand miroir ovale. Le caleçon qu'il porte ressemble à ceux que Papa et moi portons : ce sont plutôt des shorts de rugby. Je vois très bien la cicatrice. Je regarde son visage dans le miroir et mon cœur bat à tout rompre. Même si je ne vois pas tout clairement, j'arrive à distinguer un reflet un peu rouge dans le miroir, à côté de lui. Je tourne l'œil vers la porte, mais je ne parviens pas à voir aussi loin. Je me déplace légèrement pour regarder par l'autre trou, mais je ne vois que le lit rouge au-dessous de moi. Je reviens rapidement coller mon œil sur le grand trou. Le général est toujours là où il était et le reflet qui était sur le seuil n'a pas bougé non plus. Je sais que c'est Ilse.

J'ai envie de bondir et de retourner dans mon lit, mais j'ai peur de faire craquer le plancher. J'aimerais qu'ils parlent. Il sourit à présent. Il se tourne et regarde du côté de la porte. Je ne comprends pas pourquoi ils ne disent rien. Tout ce qu'ils font, c'est se regarder et lui sourit comme s'ils partageaient un secret. Peut-être que je vais découvrir ce que c'est. J'ai l'impression qu'il vient de s'écouler une heure.

Tandis qu'il est toujours là à sourire, j'entends soudain la porte d'entrée s'ouvrir au bout du couloir. Je lève la tête un instant et quand je recolle l'œil sur le trou, le reflet rougeâtre a disparu. Lui est toujours au même endroit, mais il ne sourit plus.

Tout doucement, je roule le tapis et je me relève sans faire craquer le plancher. C'était exactement ce que je pensais : le drôle de manège dans le salon juste avant, quand ils parlaient de « l'inconnu ». Bien sûr ! Ce devait être un code pour dire qu'elle devait venir dans sa chambre ! Mais à présent je ne suis plus sûr… Je commence à me sentir mal de soupçonner Ilse. Ilse ne ferait jamais une chose pareille. Elle n'a même jamais vraiment roulé une pelle à un garçon, à plus forte raison débarqué en pleine nuit dans la chambre d'un homme marié. J'ai dû l'imaginer. Je n'ai pas vraiment vu et je ne pouvais pas distinguer clairement sous cet angle. C'est la faute de Frikkie ! C'est lui qui m'a mis dans la tête l'idée qu'Ilse flirtait avec le général.

Dans ma prière, je supplie le Seigneur de me pardonner d'avoir eu des pensées aussi dégoûtantes à propos de ma sœur. Je lui demande aussi de pardonner Frikkie qui m'a soumis à la tentation. Dès demain, je vais faire de mon mieux pour être de nouveau gentil avec elle.

*Chaque fois que je suis contraint de quitter l'abri des arbres et des buissons desséchés, le soleil m'embrase le cou. Si je pouvais atteindre le Cunene, je pourrais remonter la rivière jusqu'à Qalueque. Les buissons ici sont plus épais qu'ils ne l'étaient dans la matinée. Quand je m'arrête pour écouter, je peux entendre que je suis suivi. Mes tentatives pour les semer en courant sur un demi-cercle ont échoué. À présent, j'ai pris la direction de la rivière. On dirait qu'il n'y en a pas qu'un à ma poursuite et ils gagnent du terrain. À l'heure qu'il est, ils savent que je suis seul et que la fatigue va avoir raison de moi. J'ai les poumons brûlants à cause de la poussière que j'avale par mes lèvres craquelées. J'envisage de laisser tomber le sac à dos pour courir plus facilement. Puis j'abandonne l'idée. Les branches me fouettent le visage et le goût du sang envahit ma bouche. Le bruit des gens qui tombent derrière moi, qui me rattrapent, me remplit la tête, m'encercle. Je fonce à l'aveuglette, impatient de trouver la rivière. Je dois trouver la rivière qui va me conduire à Qalueque.*

C'est le dernier jour de notre année de septième. Sur le chemin de l'école, je ne cesse de regarder le profil d'Ilse pour voir si c'était bien elle le reflet dans le miroir hier soir. Mais, le matin, tout paraît différent et j'ai honte des pensées horribles qui m'occupent encore la tête. Peut-être que j'ai tout rêvé.

Je regarde les lunettes noires de Maman dans le rétroviseur. Lorsque nous roulons en direction de l'école, le matin, elle a le soleil dans les yeux et donc elle porte toujours des lunettes noires. Maman serait profondément déçue si elle découvrait ce qui se passe dans ma tête. Une mauvaise pensée est identique à une mauvaise action et il n'y a pas de distinction à faire entre un petit péché et un grand péché. *Dominee* Cronje l'a dit cent fois au cours de ses sermons.

Comme c'est la fin de l'école, nous terminons plus tôt et nous apportons des cadeaux à nos professeurs. Miss Engelbrecht est tout excitée en découvrant la petite balance en cuivre que

Maman a trouvée et empaquetée pour que je la lui offre. Frikkie lui donne un parfum coûteux et elle est tellement ravie qu'elle dit pouvoir lui pardonner sa mauvaise conduite pendant toute l'année.

Miss Engelbrecht nous distribue la publication annuelle et j'ai envie de sauter de joie quand je vois que ma rédaction a été retenue. C'est la première fois qu'une de mes rédactions est sélectionnée et je suis impatient de pouvoir la montrer à Papa. Et à Ilse. Elle a toujours deux ou trois choses dans la publication annuelle du lycée, et pour une fois c'est mon tour de fanfaronner. Au dos de la publication, il y a une photo de Frikkie et de moi dans notre équipe de rugby. Frikkie et moi sommes assis de part et d'autre du professeur d'éducation physique, et Frikkie a le ballon posé sur ses genoux.

Nous recevons en général nos bulletins le dernier jour du trimestre, mais pour la fin de l'année, l'école les poste directement chez nous. Pour s'assurer que nos parents voient bien le bulletin et que toute notre famille sache que nous passons ou nous redoublons. Je n'ai jamais eu peur de redoubler, mais ça arrive à certains des élèves des classes B et C. Cet idiot de Van Eeden a déjà triplé la septième et s'il échoue encore, il va devoir aller dans un cours spécial l'année prochaine.

Maman vient nous chercher, Frikkie et moi, chez les Delport après avoir pris Ilse à la sortie du lycée. Frikkie vient passer deux jours chez moi, avant que nous partions pour Sedgefield. Je suis pressé de monter dans la voiture pour montrer ma rédaction à Maman et à Ilse. Dès que je suis dans la voiture, j'ouvre mon cartable. Je fais passer la publication annuelle entre les sièges avant et je dis à Ilse de l'ouvrir à la page trente-huit où l'attend une surprise. Dès qu'elle voit ce que c'est, elle crie : « Marnus, c'est fantastique ! » Et elle la place devant le pare-brise afin que Maman puisse y jeter un coup d'œil tout en conduisant. Maman rit et glisse le bras entre les sièges pour me pincer la jambe. Elle dit qu'elle est fière de moi aujourd'hui. Je dis à Ilse de regarder aussi la photo de Frikkie et de moi avec l'équipe de rugby. Elle regarde rapidement la photo et nous dit de nous taire parce qu'elle veut lire ma rédaction à Maman. Je me sens un peu idiot, Frikkie doit me trouver incroyablement arrogant. Je fais une grimace pour qu'il voie que je trouve Ilse stupide. Puis elle commence :

« Au musée
Marnus Erasmus, 7^e^ A

Si vous parcourez le musée, vous pouvez apprendre bien des choses intéressantes sur notre pays. Il y a des vieux tableaux magnifiques et des expositions très intéressantes. Les meilleures, ce sont celles des uniformes qu'ils portaient autrefois pour arrêter les strandlopers et les Hottentots qui volaient et pillaient les fermes des pauvres colons néerlandais. Il y a même des vieux fusils Matchlock dans les vitrines. La première guerre contre les Hottentots a commencé sept ans après l'arrivée de Jan-Van-Riebeeck au Cap, mais les colons étaient trop forts pour les Hottentots et ils se sont enfuis comme des lâches. Par la suite, ils sont tous allés vivre dans les montagnes. Puis les Boers ont dû faire la guerre contre les Xhosa à Algoa Bay et plus tard contre les Zoulous dans le Natal, parce que les maléfiques impies de Dingane avaient assassiné leurs femmes et brisé le crâne de leurs bébés contre les roues des chariots. Autrefois, plus les Boers progressaient dans le Nord, plus les indigènes devenaient effrontés et méchants. Mais la main de Dieu protège les justes et désormais notre pays est composé de quatre provinces, et nous sommes devenus une République en 1961. Après trois cents ans de présence, nous avons une des plus fortes armées au monde. Nos soldats ne se servent plus de fusils Matchlock, mais de FN. Les lettres FN signifient *Fabrique Nationale*, parce qu'ils sont fabriqués en Belgique. Vous pouvez apprendre tout cela en parcourant le musée et en gardant simplement les yeux ouverts. Les yeux ouverts sont les portails donnant accès à un esprit ouvert. »

Maman dit que c'est une rédaction merveilleuse et qu'un jour je vais écrire des textes encore meilleurs que ceux d'Ilse. Je m'attends à ce qu'Ilse dise quelque chose, mais elle se contente de feuilleter la publication annuelle en silence. Je ne sais pas quoi penser : il y a un instant, elle était impressionnée et maintenant elle est silencieuse et ne manifeste plus aucun intérêt. Elle change d'humeur comme un caméléon de couleur.

Tout en continuant à feuilleter la publication annuelle, Ilse demande à Maman si elle a eu des nouvelles de Doreen et de Little-Neville. Maman répond que Doreen a appelé et que les choses ont l'air de bien se présenter pour son fils. Little-Neville ne va pas mourir. Peut-être même qu'ils vont pouvoir le transférer dès demain au Cap. Mais le transfert va coûter cher et Doreen n'a pas vraiment les moyens de payer. Maman dit qu'elle va demander à Papa si nous pouvons payer pour elle. Plus tard, Maman pourra déduire la somme des gages à venir de Doreen. Elle dit que c'est le moins qu'elle puisse faire pour Doreen, surtout quand on sait que Little-Neville est son enfant préféré. Quand une mère voit son enfant souffrir, c'est encore pire que de souffrir soi-même.

Ce matin, quand j'ai raconté à Frikkie ce qui était arrivé à Little-Neville, il a dit que la chair humaine qui brûle a une odeur atroce. C'est ce qu'il a entendu dire. Nous nous sommes demandé si l'odeur était la même pour les Blancs et pour les Coloureds. C'est peut-être différent puisque notre sang est tellement différent. Sur la radio de la Coccinelle, on entend Ella Fitzgerald chanter une chanson de *Porgy and Bess*.

J'aimerais que nous soyons déjà en route pour Sedgefield. Maman dit que Mr. Smith va passer cette nuit et celle de demain chez les Van der Westhuizen. Après quoi, il repartira pour l'Amérique et nous pourrons aller à Sedgefield. Il dîne avec nous pour la dernière fois ce soir et Papa veut lui montrer des diapositives de l'Afrique de l'Est et de Rhodésie. Après le dîner, Papa l'emmènera chez Van der Westhuizen parce qu'ils doivent y voir quelqu'un qu'ils ne peuvent rencontrer que tard dans la nuit. C'est dommage que ma rédaction ne soit pas en anglais parce que j'aurais pu la montrer au général.

Peut-être que le fait d'avoir à attendre encore deux jours avant de partir pour Sedgefield n'est pas si mal après tout, parce que comme ça Papa va pouvoir venir avec nous. D'habitude, il nous retrouve là-bas au bout de quelques jours. Les meilleurs moments passés à Sedgefield, c'est quand Papa est là. Nous allons pêcher à l'entrée du lagon presque tous les jours ou bien nous prenons le hors-bord pour aller sur les lacs. Papa emmène toujours le bateau attelé à la Volvo quand il vient. Les jours où Papa n'est pas d'humeur à aller à la pêche, nous faisons de longues promenades dans la forêt de Knysna ou autour des lacs. Nous emportons toujours avec nous le *Roberts Birds of South Africa* et nous comptons combien d'espèces différentes nous pouvons voir. En décembre dernier, nous en avons compté quarante-deux en deux semaines. Nous avons vu aussi des martins-pêcheurs, couleur de malachite, pour la première fois depuis des années, et lorsque nous sommes allés en voiture à Oubos pour rendre visite à Oncle John, nous avons même vu deux couples de balbuzards. Ils avaient fait leurs nids tout en haut des falaises de Grootrivier. Même si nous allons régulièrement à Oubos, nous préférons Sedgefield parce que la pêche y est meilleure et la mer moins dangereuse.

Mais le meilleur endroit pour pêcher, c'est le Botswana. Papa dit qu'il va m'y emmener quand j'entrerai au lycée. Chaque année, en octobre, Papa et Van der Westhuizen vont dans les marécages d'Okovango pour pêcher le tiger fish. Papa a voulu m'emmener une fois, mais Maman a dit que j'étais encore trop petit. Je l'ai suppliée de me laisser y aller avec mon père, mais elle a refusé catégoriquement en me disant que mon entêtement était d'une « futilité exemplaire ». Si je tombais malade là-bas, il n'y aurait personne pour s'occuper de moi et pas le moindre docteur pour me donner des médicaments. Donc, mon grand rêve, c'est toujours d'aller pêcher le tiger fish dans l'Okovango avec mon père. Normalement, Van der Westhuizen et Papa prennent un véhicule de l'armée quand ils vont dans le Botswana. Ils remplacent la plaque d'immatriculation militaire par une plaque normale, parce que les plaques militaires rendent le gouvernement du Botswana nerveux. Le gouvernement du Botswana est comme le reste de l'Afrique : le président a épousé une femme blanche et elle a eu des enfants coloureds qui ne trouvent leur place nulle part.

« C'est pour ces enfants que je suis désolée » dit Maman quand les gens parlent de Lady Ruth Khama et de Sir Seretse. À l'étranger, où ils ont la télévision, Papa a vu un jour une émission consacrée à Sir Seretse. Papa dit que Sir Seretse est tellement noir qu'il a l'air d'avoir la peau bleue. Quand la reine d'Angleterre a vu ce reflet bleu sur sa peau, elle a cru que c'était un effet du sang bleu et elle l'a immédiatement anobli !

« Mais, dit Papa, même lorsqu'un singe porte une bague en or... » Et sans qu'il ait besoin de terminer sa phrase, nous comprenons ce qu'il veut dire. Parfois, Papa n'a qu'à commencer une phrase pour que nous sachions ce qu'il va dire. Papa dit toujours qu'un esprit rapide n'a besoin que de la moitié d'une explication, et c'est pour cette raison qu'il n'a jamais eu besoin de nous donner la moindre raclée.

Lorsque nous arrivons à la maison, Maman sort du réfrigérateur un reste de poulet froid et de la salade pour le déjeuner. Mais avant que nous nous mettions à table, elle nous envoie acheter du pain à l'épicerie. Nous enlevons nos uniformes pour la dernière fois de l'année. Puis, nous descendons St. James Road jusqu'à l'épicerie. Avec la monnaie, nous nous achetons un Crunchie chacun et nous partageons une petite bouteille de soda. Nous nous asseyons sur le trottoir devant l'épicerie pour finir nos Crunchie. Si nous arrivions à la maison avec des sucreries, Maman nous dirait que ça nous couperait l'appétit.

Je suis content que Frikkie soit venu, parce que je n'ai aucune envie de jouer avec les Spiro. Je suis toujours furieux contre eux, depuis qu'ils m'ont abandonné après ma chute devant la maison de Mrs. Streicher.

Mais les Anglais sont comme ça. Ils s'enfuient toujours. Papa dit que ce sont les Afrikaners qui vont devoir défendre ce pays quand les ennuis vont commencer. Les Anglais vont émigrer en masse et fuir en Amérique ou en Angleterre parce que la moitié d'entre eux ont des passeports étrangers. Après la guerre des Boers, les soldats anglais ont quitté l'Afrique du Sud sans même penser une seconde aux milliers de femmes et d'enfants qu'ils avaient assassinés dans les camps de concentration. La pauvre Ouma Kimberley était née dans un camp de concentration. Papa dit que c'est bien dans le style des Anglais de critiquer Hitler, alors que ce sont eux qui ont commencé à mettre des gens dans des camps de concentration. Un jour que nous passions devant le Rhodes Memorial, Papa a dit que Cecil John Rhodes était un impérialiste qui avait dépouillé notre pays de son or et de ses diamants. Et lorsqu'il est mort après avoir ruiné notre pays, il a fait répandre ses cendres en Rhodésie plutôt que dans ce pays-ci qu'il avait pressuré. Papa a dit que le Rhodes Memorial aurait dû être rebaptisé du nom de quelqu'un comme Verwoerd, qui avait sacrifié sa vie au service de la République.

Nous voyons arriver depuis Kalk Bay un vieil homme qui marche dans notre direction. Il se penche en avant et ramasse une bouteille de Coca vide devant la bouche d'évacuation des eaux de pluie. Au début, nous ne faisons pas vraiment attention à lui, mais je le reconnais soudain : c'est Chrisjan. C'est la première fois que je le vois depuis qu'il a disparu avec notre matériel de pêche. Il marche les yeux rivés sur le trottoir et on a l'impression qu'il est à la recherche de quelque chose.

« *Dag*, Chrisjan » dis-je depuis le trottoir sur lequel Frikkie et moi sommes assis. Il s'arrête brusquement et essaie de redresser les épaules.

« Bon après-midi, mon Crown. Est-ce que le Crown n'a pas un peu de monnaie pour un vieil homme ? La faim me dévore l'estomac. »

Il se comporte comme s'il ne me reconnaissait pas. Mais il est impossible qu'il ne me reconnaisse pas. Après tout, il a travaillé dans notre jardin pendant trente ans, tout d'abord pour Oupa et ensuite pour nous. Il est penché en avant, la main tendue comme un *bergie*. Papa leur donne un peu d'argent habituellement, mais je n'ai rien pour lui. Et, de toute façon, Chrisjan n'est pas un *bergie*, c'est simplement quelqu'un en qui on ne peut pas avoir confiance et, de surcroît, c'est un voleur.

« Arrête de faire semblant de ne pas me reconnaître. Papa va envoyer la police après toi et te faire enfermer. Ils vont t'envoyer à Robben Island pour casser des cailloux. Ça t'apprendra à nous voler nos moulinets de pêche. » Ce n'est pas la vérité, parce que mon père n'a jamais eu l'intention d'appeler la police. Il a dit que nous n'étions pas sûrs à cent pour cent que Chrisjan avait bien volé les moulinets. Mais, en même temps, nous savions que c'était lui et je veux donc lui faire un peu peur. Dès que je parle de la police, ses yeux s'écarquillent et il dit qu'il ne sait rien au sujet des moulinets. C'est bien un truc des Coloureds de jouer aux idiots quand ça les arrange.

« Chrisjan ! Tu ne sais plus qui je suis ?

— Le *baas* n'a pas un petit quelque chose pour moi...

— Qui je suis ! » Je crie maintenant, un peu furieux. Je dis à Frikkie que nous ferions mieux de rentrer. Nous nous levons pour partir.

« Je cherche des bouteilles vides, mon Crown » dit Chrisjan en regardant la bouteille de soda à moitié vide que je tiens.

« Bon, dis-moi d'abord qui je suis. Ensuite, tu pourras avoir la bouteille pour récupérer la consigne. »

Il est pratiquement à genoux à présent et Frikkie vient mettre son grain de sel en disant qu'il devrait se comporter comme un Coloured, même s'il est en fait un Kaffir. Mais Chrisjan est un Coloured, sa peau est à peine plus foncée que celle de la plupart des autres. Quand Frikkie et moi nous disputons avec quelqu'un à l'école, Frikkie dit parfois : comporte-toi comme un Blanc, même si tu es un Kaffir.

« Alors, dis-je, tu vas me dire comment je m'appelle ? »

Il grimace jusqu'à ce que son visage soit couvert de rides et il lève les mains :

« Je m'appelle Chrisjan, mon Crown. »

Nous éclatons de rire et je pose les mains sur le trottoir, la bouteille calée contre ma hanche : « Pas *ton nom*, babouin ! Dis-moi comment je m'appelle et je te donnerai la bouteille. »

Il tourne devant nous en traînant les pieds et regarde des deux côtés de la rue. Je me lève et commence à marcher comme si j'allais partir sans lui donner la bouteille. Quand je passe devant lui, il m'attrape par le bras et recommence à me supplier : « S'il vous plaît… » Mais je m'écarte de lui et, ce faisant, je cogne la bouteille vide qu'il avait dans la main. Elle explose sur le trottoir. Je n'ai pas fait exprès.

« Oh, mon Dieu, Basie, et maintenant ? Je suis désolé, *baas*, je suis désolé… » dit-il et il se penche pour ramasser les morceaux de verre.

« Laisse ça, Chrisjan. Ça ne sert plus à rien... c'est inutile. Tiens... » Et je lui tends la petite bouteille de soda. Il y a encore un peu de liquide vert au fond.

« Elle est à toi » dis-je et il la prend en disant merci plusieurs fois.

Sur le chemin du retour à la maison, je commence à me sentir désolé pour lui. Je n'arrive pas à croire à quel point il a changé depuis qu'il est parti. Son visage est ridé comme un raisin sec et les longs poils de sa barbe sont complètement grises. Il ressemble à quelqu'un qui a déjà un pied dans la tombe. Je me sens mal parce qu'il aurait eu plus d'argent pour la consigne de la bouteille d'un litre que pour la petite bouteille de soda.

Avant d'obliquer vers St. James, je me retourne rapidement pour le regarder. Il est déjà de l'autre côté de Main Road, le long de la voie ferrée. Il s'arrête, bascule la tête en arrière et, d'une seule goulée, avale ce qui restait de soda dans la bouteille.

Frikkie me demande si j'ai découvert comment le général s'était fait cette cicatrice. Je réponds que je ne lui ai pas posé la question et je le mets en garde de ne pas l'appeler « le général ». C'est Mr. Smith. Je lui dis que le général est à moitié espagnol et à moitié indien.

« Mais alors c'est un Coloured ! s'écrie Frikkie. Je pensais qu'il était bien foncé.

— Tu es dingue ! Il faut avoir du sang noir pour être un Coloured.

— Et qu'est-ce que tu crois qu'ils sont, les Indiens ?

— Je ne sais pas, mais ils ne sont pas noirs. Et, de toute façon, tu n'es pas censé le savoir. »

Comme nous sommes frères de sang et tout ça, je me demande si je devrais lui parler de la nuit dernière – quand j'ai vu le reflet dans le miroir. Mais peut-être que tout ça était un rêve et qu'il ne s'est rien passé en réalité. Je suis sûr qu'on n'est pas censé raconter ses rêves à son frère de sang.

*Derrière moi, le bush est vivant. Des voix retentissent, mais elles sont noyées par le bruit dans ma tête. Je zigzague en direction de la rivière, sachant déjà que je ne vais pas pouvoir continuer. À tout moment, ils vont m'encercler, me coincer comme un animal qui ne peut plus s'échapper. Sauf vers leurs bras : les bras des fils de Fidel, qui m'attendent depuis si longtemps.*

*Au loin, j'aperçois soudain le barrage ! Qalueque est juste devant moi. Quelqu'un devrait être déjà là, à m'attendre. Je veux crier, appeler à l'aide, leur demander de me couvrir. J'essaie plusieurs fois de forcer un cri à sortir de ma gorge. Du coin de l'œil, j'aperçois quelqu'un qui bouge presque à côté de moi. Je ne peux détourner le regard de mon chemin. J'essaie de crier, mais pas un son ne s'échappe de ma gorge. Le barrage si proche désormais semble s'envelopper de brume. Tout tourne au blanc. Des voix dans des langues souvent entendues, mais jamais comprises. Au moment où je trébuche et tombe en avant, j'entends le son de bottes qui viennent s'arrêter dans la poussière, juste à côté de ma tête.*

Pendant le dîner, Ilse parle au général comme s'il ne s'était rien passé hier soir et je suis sûr maintenant d'avoir tout rêvé. Maman nous annonce que Doreen a de nouveau appelé en fin d'après-midi. Little-Neville sera transféré à Groote Schuur demain, et Maman a dit à Doreen que mon père allait payer pour l'ambulance.

Le dîner terminé, nous allons tous dans le salon et Papa m'envoie chercher le projecteur de diapositives dans son bureau. Il va emmener Mr. Smith chez Van der Westhuizen plus tard dans la soirée, mais avant ça il veut lui montrer des images du Tanganyika et de la guerre en Rhodésie. Papa était la plupart du temps sur le front pendant la guerre, il n'a donc pas eu l'opportunité de prendre beaucoup de photos. Il s'est contenté parfois de demander à son ordonnance de prendre des photos quand la situation n'était pas trop dangereuse. Mais prendre des photos pendant une guerre est véritablement un luxe. En général, vous n'en prenez que si vous avez le temps ou lorsqu'il se passe quelque chose dont vous voulez vraiment vous souvenir.

« Non pas que vous puissiez oublier ce qui se passe pendant une guerre, dit Papa. Chaque atrocité commise par ces guérilleros est imprimée dans votre cerveau, comme le sont les visages de votre femme et de vos enfants dans le portefeuille que vous avez dans la poche. »

Ilse va prendre la bouteille de liqueur dans l'armoire et les adultes boivent dans les minuscules verres en cristal de Maman, avec les grains de raisin gravés. Nous, nous buvons de l'Appletise parce que Maman n'autorise pas le Coca et le Fanta à la maison. Elle dit que les sodas à bulles contiennent toutes sortes de colorants et de choses qui attaquent les parois de l'estomac. Les Delport ont toujours du Coca et d'autres sodas dans leur réfrigérateur. Comme j'aime le Coca et les autres sodas, je ne dis jamais un mot en ce qui concerne les parois de l'estomac – pas quand je suis chez eux.

Maman et Ilse sont assises sur le sofa, Frikkie et moi par terre devant elles. Papa et le général sont installés dans les fauteuils. Le projecteur se trouve à côté de Papa, posé sur les volumineuses partitions de Bach et de Scarlatti de Maman. Papa a enlevé le grand tableau de False Bay du mur sur lequel il va projeter les diapositives. Maman explique au général que la baie s'appelle False Bay parce que, autrefois, les marins qui arrivaient des Antilles la confondaient toujours avec Table Bay. Papa rit et dit que les marins d'autrefois étaient une bande d'idiots. Comment confondre Hangklip ou les Hottentots-Holland avec Table Mountain, il a du mal à se le figurer ! Il dit que les Néerlandais étaient une drôle de clique. À un moment donné, ils voulaient même creuser un canal depuis False Bay, à travers les Cape Flats, jusqu'à Table Bay. Par la suite, ils ont abandonné l'idée parce que ça aurait demandé trop de travail. En tout cas, qui a jamais entendu parler de quelqu'un qui viendrait en Afrique pour y creuser des canaux ? Ils se croyaient encore à Amsterdam ou quoi ? Mais les Néerlandais ont vite compris que l'Afrique, c'était une tout autre histoire.

Le général demande pourquoi les montagnes s'appellent les Hottentots-Holland. Maman lui explique que les Hottentots vivaient autrefois dans les montagnes et lorsque Jan-Van-Riebeeck était arrivé au Cap, il avait dit que ces montagnes étaient la Hollande des Hottentots.

Papa dit que je peux éteindre la lumière.

La première série de diapositives est sur Mombasa et Dar es-Salaam. Il y a des vues de l'hôtel d'Oupa et des plages de sable blanc avec les palmiers. Quelques enfants noirs portent sur leurs têtes d'énormes paniers remplis de noix de coco et de bananes. Il y a une jolie diapositive où l'on voit Papa et Oupa Erasmus debout devant la Daimler Benz d'Oupa. Lorsque Papa dit que c'est lui à l'âge de sept ans, le général réplique que ce pourrait tout aussi bien être moi, et Papa me fait un clin d'œil dans la pénombre. Je suis content à l'idée de ressembler à mon père un jour.

Des quantités de diapositives du Kilimandjaro et du Méru. Certaines ont été prises depuis un avion et donc on peut voir à l'intérieur des cratères. Les cratères sont couverts de neige et le soleil se reflète en arc-en-ciel dans l'objectif de l'appareil. Papa dit que le mont Méru, qui se trouvait juste à côté d'une des fermes d'Oncle Samuel, était autrefois plus haut que le Kilimandjaro. Mais comme c'était un volcan, il a fait sauter son sommet, il y a des millions d'années. Les volcans sont éteints à présent.

« Imaginez un peu la panique qu'il provoquerait s'il entrait en éruption aujourd'hui » dit le général et nous rions tous ensemble.

« Ça pourrait résoudre les problèmes de surpopulation » ajoute Papa.

Le général dit qu'il y a encore des volcans en activité au Chili. Dans le sud du pays, il y a d'énormes volcans couverts de neige, et si vous montez au sommet, vous pouvez voir la lave bouillonner tout au fond des cratères.

« Et ne croyez pas que vous soyez les seuls à avoir des problèmes de surpopulation ! dit-il. Le Chili a un des taux de croissance de la population le plus élevé du monde... et nos volcans ne nous aident pas à résoudre le problème. » Les adultes rient.

Il y a ensuite des diapositives du Serengeti et du cratère du Ngorogoro, et des milliers de gnous et de zèbres traversant les plaines en immenses troupeaux. Puis, des diapositives où l'on voit Oupa au milieu de centaines de défenses d'éléphants, certaines d'entre elles s'élevant bien au-dessus de sa tête. Le général siffle et dit que ça n'est pas possible.

De son fauteuil, dans l'obscurité, Papa pointe le doigt sur les deux grandes défenses de chaque côté de la cheminée : « Cette paire appartenait à mon père. » Papa dit toujours que les défenses sont les seules choses qui le rendent vraiment sentimental.

Sur la diapositive suivante, on voit Oupa le pied posé sur un éléphant qu'il a abattu. À l'arrière-plan, les Ndorobos sont déjà en train de découper les défenses. Les intestins de l'éléphant sont sortis de son ventre et répandus sur le sol comme de gros ballons roses et rouges.

Un certain nombre de diapositives appartiennent à Oncle Samuel. Sur l'une d'elles, on voit un groupe de gens rassemblés autour de John Wayne quand il est venu au Tanganyika pour tourner un film. Sur la photo, tout le monde sourit et a l'air heureux. Tannie Betta tient un chiot dans ses bras et John Wayne, en vêtements kaki, a passé un bras sur ses épaules et l'autre sur celles de Sanna Koerant. Cette bonne vieille Sanna rit bien et on ne voit que ses dents. Maman dit que le film a été distribué en Afrique du Sud. Elle dit que la musique a été écrite par Henri Mancini et que le thème du film est le célèbre « Baby Elephant Walk ». Le film s'appelait *Hatari*, ce qui signifie « danger » en swahili.

Papa me demande de rallumer et le général dit :

« Ça ressemble au paradis. Comment oublier un endroit pareil ?

— C'était le paradis, répond Papa. Une fois qu'on a vu le Kilimandjaro, on ne l'oublie jamais. »

Quand papa est prêt, j'éteins la lumière et je m'allonge sur le tapis à côté de Frikkie. Papa annonce qu'ils ne peuvent pas rester beaucoup plus longtemps, parce qu'ils doivent se rendre bientôt à ce rendez-vous. Je commence à avoir sommeil, mais nous voulons tous voir les diapositives de la Rhodésie.

J'observe le visage du général. Dans la faible lumière du projecteur, il ressemble un peu à Papa. C'est dommage qu'il doive partir ce soir. Il allait venir pêcher avec nous et je voulais l'entendre encore parler du Chili.

Les premières diapositives de Rhodésie montrent Papa debout dans une carrière à sable en train de donner des ordres à ses officiers. Puis, ce sont des photos des troupes en patrouille. Ils portent des fusils et des mortiers sur leurs épaules. Papa était encore colonel quand il était en Rhodésie, mais, sur les photos, il ne porte pas ses épaulettes. Les officiers ne portent pas leurs galons sur le front, parce qu'ils seraient des cibles privilégiées pour l'ennemi s'ils le faisaient. Papa dit que ce n'est pas la peine de porter ses galons pendant la bataille, parce que dans le combat tous les soldats sont égaux : le but est de vaincre – qu'on soit simple soldat ou colonel. De plus, si vous êtes un chef digne de ce nom, tous les soldats savent automatiquement que vous l'êtes.

« Ces photos ont été prises juste au nord de Wankie. Nous avons attrapé ces terroristes après avoir marché pendant cinq jours par quarante degrés. » La diapositive montre quatre terroristes nus debout dans une clairière. Ils ont les mains attachées au-dessus de la tête et un soldat pointe sa baïonnette contre la poitrine de l'un d'entre eux. On voit bien le blanc de ses yeux sur son visage noir. Peut-être qu'il pleure parce que le visage est grimaçant comme s'il criait. Ilse se lève et dit qu'elle va faire du café.

« Ces terroristes sont tous les mêmes » dit Papa et il s'attarde sur cette diapositive. « Une fois qu'ils sont pris, ils deviennent lâches... ils vous appellent de nouveau *Boss* très vite. Ils oublient sur-le-champ leur entraînement à Moscou » et Papa fait claquer ses doigts.

Maintenant les quatre terroristes sont empilés et on peut voir qu'ils ont été fusillés. Leurs corps sont couverts de sang. Celui qui était devant les autres sur la diapositive précédente a les jambes écartées dans l'axe de l'appareil photo et son truc noir pend pratiquement jusque sur le sol.

« C'est la *détente*[1] », dit Papa. Un soldat tient un bras avec de la chair rose là où il a été tranché. Je me couvre les yeux parce que je ne veux pas le voir. Je regarde entre mes doigts écartés pour voir si Frikkie regarde, mais il a l'air de s'être endormi. Je ne sais pas ce que signifie « détente », mais Papa dit qu'Oncle John Vorster fait du bon travail en dénonçant ceux qui dans le monde entier prétendent faire ami ami avec les Noirs.

« Le bras appartenait à un des terroristes qui avaient assassiné une famille blanche dans sa ferme près de Gwelo. Ils avaient commencé par violer la mère et ils l'avaient forcée à les regarder découper en morceaux son mari et ses deux fils... » Papa se tait un moment, puis ajoute : « Nous les avons rattrapés quand ils essayaient de passer la frontière du Mozambique pour rejoindre le Frelimo. » Il dit que les choses ont l'air de se présenter un peu mieux en Rhodésie qu'au Mozambique. Le gros problème, c'est que les Portugais ne savent toujours pas ce que c'est que l'Afrique. Si les choses devaient continuer comme elles ont commencé, le Frelimo pourrait

1. En français dans le texte. *(N.d.T.)*

même gagner la guerre. Au moins, Ian Smith a mis la Rhodésie sur la bonne voie.

Les diapositives suivantes montrent Papa à Luanda en Angola. Luanda ressemble à une ville d'autrefois magnifique avec de grands bâtiments blancs. Même si la guerre n'a pas pris une tournure sérieuse en Angola, nous devons aider les Portugais là-bas aussi. Le communisme montre sa face ignoble un peu partout.

Ilse revient avec le plateau de café. Les adultes et Ilse en boivent, et le général nous raconte des histoires sur le Chili, sur la victoire de leur armée sur les communistes en septembre dernier. Il dit qu'il était un des commandants de l'armée de l'air quand ils ont bombardé le palais présidentiel. Je me demande si sa cicatrice dans le dos date de ce moment-là. Il dit que la guerre au Chili a duré pendant des années. Tout d'abord, ils ont été gouvernés par les Espagnols pendant trois cents ans, ensuite, une fois qu'ils ont obtenu l'indépendance, les choses ne se sont pas calmées. Mais maintenant, depuis septembre, l'armée a pris le pouvoir et remet de l'ordre dans le pays.

Maman s'éclaircit la gorge et signale du regard Frikkie, allongé près de moi sur le tapis. Le général s'interrompt. Frikkie n'est pas censé savoir qui est le général en réalité, et à présent il a tout entendu ! Tout le monde a parlé comme si Frikkie faisait partie de la famille et comme s'il était au courant de tout. Mon cœur bat à tout rompre. Et si Frikkie annonçait qu'il savait déjà tout ? Je commence par regarder mon père, qui ne quitte pas Frikkie des yeux. Puis, je me détourne rapidement parce que si Papa me voit à présent, il va savoir immédiatement que je lui cache quelque chose. Frikkie est couché près de moi, la tête enfouie dans ses bras.

« Tu dors, Frikkie ? » demande Papa et Frikkie relève lentement la tête comme quelqu'un qui se réveille.

« Tu dormais ? » redemande Papa et soudain Frikkie est sur son séant.

« *Nee, Oom* » dit-il et nous éclatons de rire, parce que même un singe pourrait constater qu'il vient de se réveiller.

Papa annonce qu'ils ont le temps de voir encore deux séries de diapositives avant de partir. Les bagages du général sont prêts et déjà dans le couloir.

Lorsque je me réveille, je suis incapable, dans un premier temps, de savoir où je me trouve. Puis je m'aperçois que je suis toujours dans le salon. J'ai une couverture sur moi et un oreiller sous ma tête. Je porte toujours mes vêtements de la veille. Nous avons dû nous endormir ici hier soir et Maman n'a pas voulu nous réveiller. En hiver, Frikkie et moi nous dormons de temps en temps ici dans nos sacs de couchage, devant la cheminée.

Il fait encore nuit, mais j'aperçois par la fenêtre une lueur grise dans le ciel. Je constate que Frikkie ne dort pas à côté de moi. Il a dû se réveiller pendant la nuit et aller à l'étage. Je pars dans le couloir pour aller faire pipi. La porte de la chambre de Papa et de Maman est fermée, je vais donc dans la salle de bains du couloir. Je vise le bord de la cuvette des toilettes pour ne pas faire de bruit. Maman aime dormir tard le week-end et pendant les vacances. Je ne veux pas les réveiller et je ne tire pas la chasse.

En quittant la salle de bains, je vois que la porte de la chambre d'amis est fermée elle aussi. Le général n'est donc pas parti hier soir après tout. Je m'apprête à monter quand j'entends des voix. C'est très faible, presque un murmure. Je n'arrive pas à imaginer à qui le général pourrait bien parler si tôt le matin. Peut-être parle-t-il dans son sommeil ?

Je monte les marches tout doucement. Frikkie n'est pas dans son lit. Je me demande s'il ne s'est pas trompé et n'est pas rentré par erreur dans la chambre d'amis parce qu'il était encore endormi. Soudain, je suis parfaitement éveillé.

Peut-être que Frikkie s'est réveillé et qu'il est allé dire au général qu'il savait parfaitement qui il était. C'est pour cette raison que le général n'est pas parti ! Papa et le général sont en bas en train de décider de ce qu'ils vont faire. Frikkie doit être avec eux.

Je ne sais que faire. Quelque chose de terrible va arriver si Papa apprend que j'ai parlé à Frikkie. Je veux descendre voir Maman. Mais peut-être que Maman sait elle aussi. Peut-être qu'elle est avec eux dans la chambre d'amis.

Je pense alors aux trous dans le plancher en pin.

Tout doucement, pour ne pas faire craquer les planches, j'avance jusqu'au tapis. Je le roule délicatement jusqu'à ce que les deux trous soient découverts. Je me couche avec précaution sur le plancher. Je cligne un œil et je regarde dans la chambre au-dessous.

Je ne vois personne. Il fait encore trop sombre pour distinguer réellement quoi que ce soit, mais au bout d'un moment mon œil s'habitue à la lumière ambiante. Le jour pointe dehors et en bas la lumière en provenance de la fenêtre dessine un bloc gris sur le plancher.

Je colle mon œil contre l'autre trou. Au début, je ne vois pas grand-chose. Puis, je distingue une forme qui bouge dans la lumière grise.

Sur le lit, juste au-dessous de moi, le général est assis à côté de Frikkie. Je suis juste au-dessus de sa tête. Frikkie est assis le dos collé au mur. On dirait que le général et lui se regardent. Je n'arrive pas à voir ce qu'ils font, mais j'ai l'impression qu'ils ne sont plus en train de parler.

Le général tend un bras vers Frikkie et on dirait que Frikkie essaie de reculer plus encore contre le mur. Le général pose son autre main sur l'épaule de Frikkie. Puis il se penche en avant et, de là où je suis, on pourrait croire que son visage est tout contre celui de Frikkie.

Le jour monte. Je peux voir à présent que son autre main est posée sur le John Thomas de Frikkie. À présent, son visage est collé sur celui de Frikkie et on dirait qu'il le presse contre le mur et veut l'embrasser.

J'ai envie de vomir.

Il prend la main de Frikkie et la place entre ses jambes à lui. Son Mister surgit hors de la braguette du pyjama. Je ferme les yeux. Lorsque je les ouvre, il bouge la main de Frikkie de haut en bas de son Mister.

De sa main libre, il baisse le short et le caleçon de Frikkie. Puis, il passe la main sur tout le corps de Frikkie.

Je crois qu'il est en train de branler Frikkie. Frikkie m'a déjà parlé de la branlette. Il dit qu'on le fait quand on devient plus vieux. Mais Papa dit que c'est de la masturbation et que c'est un horrible péché. Papa dit que c'est dans la Bible : mieux vaut laisser ta semence dans le ventre d'une putain que dans la paume de ta propre main.

Je dois appeler mon père ! J'ai peur parce que je sais que ce que le général est en train de faire à Frikkie est un péché. Je dois me lever et appeler Papa pour qu'il vienne en aide à Frikkie. Je me fiche de savoir que Papa va découvrir l'existence des trous dans le plancher. Je vais tout dire à Papa. Et aussi lui parler du reflet d'Ilse dans le miroir.

Sans faire de bruit, je me relève. Je ne sais pas ce que je vais faire si le plancher craque. Je me déplace vers la porte et je descends l'escalier d'un pas aussi léger que possible.

Je jette un coup d'œil du côté de la porte du général. Elle est toujours fermée. Je traverse le couloir et je tourne la poignée de la porte de Maman et de Papa. Je marche sur le tapis épais jusqu'à leur lit. Il fait presque jour dehors.

Je me penche sur le lit pour la réveiller. Mais je m'aperçois alors que Maman est seule. Je retire ma main rapidement et je regarde les cheveux de Maman autour de son cou sur l'oreiller. Elle dort profondément. Je me demande où peut bien être mon père. La porte de leur salle de bains est grande ouverte et je peux voir qu'il n'y est pas.

Peut-être que je devrais réveiller Maman parce que Frikkie est toujours là-bas avec le général. Nous devons faire vite. Je tends la main vers Maman pour lui secouer l'épaule, mais je me retiens à la dernière seconde.

Où est Papa ?

La nuit dernière, il disait qu'il allait accompagner le général chez Van der Westhuizen. Je ferme les yeux et maintenant j'ai encore plus peur qu'auparavant. Maman émet un petit bruit dans son sommeil et tourne sur l'oreiller. Je regarde fixement son visage. Je ne sais pas quoi faire. Mes yeux sont brûlants de larmes. J'ai envie de partir en courant, mais je ne sais où aller.

Je dois retourner dans ma chambre. Je dois aller vérifier. Je m'éloigne du lit à reculons, sans quitter des yeux Maman, jusqu'à ce que je sente la porte derrière moi. Une fois que je suis dans le couloir, je me retourne et je referme doucement la porte derrière moi.

À l'étage, j'avance sur la pointe des pieds pardessus les trous. Si le plancher faisait le moindre bruit, je crois que j'en mourrais. Je m'allonge avec beaucoup de précautions.

Le jour est pratiquement levé à présent.

Frikkie est allongé sur le ventre. Un oreiller lui couvre la tête. Le général est penché en avant au-dessus de lui. Le pantalon de pyjama du général est sur le sol, mais il a gardé sa veste. Je suis juste au-dessus de sa tête et son visage, détourné de la fenêtre, est plongé dans l'obscurité.

Il écarte les jambes de Frikkie et on dirait qu'il frotte quelque chose sur les fesses de Frikkie. Puis il s'agenouille entre les jambes de Frikkie et je peux voir son Mister. Il fait trop sombre dans la pièce pour que je puisse tout voir, mais on dirait qu'il pousse son Mister dans les fesses de Frikkie, et finalement il s'allonge sur lui. Il commence à bouger. C'est exactement comme le Coloured avec la fille dans les dunes. Il se sert d'une main pour s'appuyer sur le lit. L'autre maintient l'oreiller sur le visage de Frikkie. Avec tous ces mouvements, la veste de pyjama est remontée. On dirait que le soleil va se lever parce que la chambre, en bas, tourne au rose pâle. Avant que la veste de pyjama ne soit remontée, je peux le voir : la cicatrice dans le dos du général a disparu.

Je m'assois lentement et je déroule le tapis.

Je me couche sur mon lit et je contemple le trophée de koudou d'Oupa Erasmus. Je remonte les draps jusqu'au menton et je fixe la fenêtre. De l'autre côté de False Bay, j'aperçois Simonstown. Les montagnes sont roses et le ciel très bleu, comme seul peut l'être le ciel.

Je me sens comme quelqu'un qui a peur de tout. Et qui n'a peur de rien.

Lorsque j'entends Frikkie monter dans l'escalier, je me tourne contre le mur et je fais semblant de dormir. De l'autre côté de la fenêtre, les mouettes ont commencé à faire leur tintamarre et j'enfonce mes doigts dans mes oreilles.

*Tout le monde s'en est sorti. Pas un tué ou gravement blessé.*

*À l'arrivée de chacun d'eux, nous nous prenons par les épaules, nous nous serrons la main et nous crions nos noms, nos surnoms, le nom de nos villes, et nous nous insultons. Pendant un moment, nous parvenons à oublier que nous sommes encore au nord de la frontière.*

*Ceux qui arrivent seuls ont l'air le plus mal en point. Ceux qui ont couru seuls en entendant l'ennemi autour d'eux dans le bush. Et ceux qui ont découvert l'ennemi pris dans leurs entrailles et dans leurs têtes.*

*Les deux derniers sont arrivés tard dans l'après-midi, des types du service national qui viennent de Secunda et de Port Elizabeth. Le rugissement de soulagement qui s'est échappé de tout le peloton a fait penser au long grondement du tonnerre. Nous avons réussi à rejoindre Qalueque. De retour en Afrique du Sud-Ouest. Virtuellement. Nous sommes en sécurité.*

*Les infirmiers sont arrivés pour nettoyer les blessures et bander les pieds. Les ampoules ont été soigneusement crevées et les médicaments ont été appliqués sur les pieds à vif, les talons et les bras. Quelques-uns des hommes avaient besoin de points de suture et deux d'entre eux avaient été légèrement blessés dans le dos par des éclats de shrapnel, mais les blessures n'étaient pas inquiétantes.*

*Nous sommes allongés à l'ombre, sous le mur du barrage. La plupart des soldats se sont endormis. Quelques-uns parlent. Ceux-là revivent calmement chaque minute de leur course pour leurs potes. Le chef de section noir vient vers moi et me demande si j'ai des instructions. « Non, dis-je, laissez chaque homme dormir jusqu'à ce qu'il se réveille. »*

*Il s'allonge près de moi dans l'herbe.*

*« Lieutenant ? demande-t-il.*

*— Oui ?*

*— Pourquoi vous avez continué à courir, Lieutenant ? Vous ne m'avez pas entendu appeler ? »*

*Je le regarde droit dans les yeux et je hausse lentement les épaules. Je me tourne pour dormir.*

J'essaie de ne pas regarder Frikkie pendant que nous nous habillons. Nous descendons ensemble. Il n'y a personne dans la cuisine et je lui demande s'il veut des corn flakes pour son petit déjeuner. Ni lui ni moi n'avons vraiment faim et nous prenons des pommes dans le compotier sur la table.

« Ces pommes sont pourries ou quoi ? » dit Frikkie et il tourne sa pomme dans la main après l'avoir reniflée. « Elles puent. Sens-moi ça. » Il approche la pomme de mon nez. Je sens la pomme dans sa main. Elle a une odeur aigre.

« *Ja,* dis-je. Il y a quelque chose qui ne va pas. Prends-en une autre. » Je renifle ma pomme pour m'assurer qu'elle est bien.

Frikkie approche la nouvelle pomme de sa bouche, mais il fait la grimace et dit : « Celle-ci aussi.

— Laisse-moi la sentir » dis-je et je la lui prends de la main. Elle a une odeur de pomme normale.

« Non, celle-ci est bien. Ce n'est pas la pomme, mec. C'est ta main » et je prends sa main pour renifler sa paume. Elle a une odeur aigre. Il la retire brusquement.

« C'est quoi cette odeur ? » dis-je. Mais il se contente de secouer la tête et de mettre sa main sous le robinet.

Il prend la bouteille de savon Sunlight sur le rebord de la fenêtre et en verse dans sa paume. Puis il s'essuie la main contre son short de gymnastique. Il la renifle de nouveau et secoue la tête en disant que l'odeur n'est toujours pas partie. Nous restons devant l'évier, à nous regarder.

« Qu'est-ce que tu as touché ? » dis-je. Il répond qu'il ne sait pas en continuant à secouer la tête.

Il y a du Dettol dans l'armoire de toilette de notre salle de bains et il en verse jusqu'à ce que ses doigts ruissellent. Et il renifle sa main une fois encore.

« Qu'est-ce que tu crois que c'était ? » dis-je.

Les yeux de Frikkie se remplissent de larmes et, tout en la secouant, il baisse la tête vers ses pieds nus, et à présent je sais ce que c'était.

« Allons dehors » dis-je.

Le soleil est déjà haut au-dessus des montagnes et il n'y a pratiquement pas de circulation dans Main Road. Bientôt, quand les vacances auront véritablement commencé, la route va être saturée de voitures et de vacanciers.

Nous décidons de prendre nos Choppers pour une balade jusqu'à Simonstown. Nous n'y sommes pas allés depuis des siècles et peut-être que nous pourrons nous arrêter à la plage de Jan Bandjies pour voir s'il a pris du *snoek* aujourd'hui. Il faut que j'aille dire à Maman où nous allons, sans quoi elle va se faire du souci pour nous. Maman se fait du souci pour tout.

J'entre dans le salon où j'entends de la musique. Ilse est étendue sur le sofa, en train de lire. Ses longs cheveux blonds sont épars et pendent par-dessus l'accoudoir. Elle ne lève pas les yeux quand je lui adresse la parole. Elle lit *Moby Dick* et je vois qu'elle approche de la fin. Sur la couverture, il y a un tableau du capitaine Achab lançant son harpon et devant lui, dans l'eau saturée de sang, se trouve Moby Dick. Une fontaine de sang jaillit par l'évent sur la tête de Moby Dick et sa mâchoire est ouverte comme si elle criait.

Le nez toujours collé sur son livre, Ilse dit qu'elle va aller avec Maman rendre visite à Little-Neville à Groote Schuur, cet après-midi. Si je veux venir avec elles, j'ai intérêt à être de retour à la maison à ce moment-là. Je réponds que je veux venir, bien sûr, parce que je n'ai jamais rencontré Little-Neville.

« Bon, va-t'en maintenant, dit-elle sans lever les yeux. Tu ne vois pas que je suis occupée ?

— Oui, je vois bien ! Tu es couchée là, occupée à faire la tête parce que le général est parti ! Nous allons voir comment tu pratiques ton espagnol ridicule maintenant. » Et je commence à m'éloigner.

« Marnus, crie-t-elle dans mon dos, pourquoi tu ne te forces pas à grandir ? C'est la seule chose qui pourrait te sauver. »

Je fais comme si je ne l'entendais pas et je retrouve Frikkie qui m'attend dehors.

Nous allons chercher nos Choppers dans le garage. Je regarde Frikkie subrepticement. Pendant que je tiens sa bicyclette pour qu'il gonfle ses pneus, j'essaie de voir ce qu'il pense. Il ne quitte pas les pneus des yeux et on dirait qu'il a les mâchoires serrées. Il y a quelque chose de bizarre chez lui, mais je ne dis pas un mot. Une fois les pneus gonflés, nous descendons la colline en direction de Main Road. Puis nous roulons le long du trottoir vers Kalk Bay.

Au moment où nous sommes presque arrivés au port, Frikkie dit qu'il n'a plus envie de rouler. Il s'arrête et descend de sa bicyclette. Je propose d'aller nager parce qu'il fait vraiment chaud. Mais Frikkie dit qu'il n'a pas envie de nager et lorsque je lui demande ce qu'il veut faire, il me répond qu'il veut rentrer à la maison. Pas chez nous. Chez lui à Oranjezicht.

J'aimerais qu'il reste parce que je n'ai aucune envie de jouer avec les Spiro. Je sais qu'il veut rentrer chez lui à cause de ce qui s'est passé ce matin. Je ne veux pas le voir partir déjà. Nous partons pour Sedgefield demain et ça veut dire que nous ne nous reverrons pas avant l'année prochaine. Et s'il raconte…

« Frikkie, tu te souviens du moment où nous sommes devenus frères de sang ? » Et il répond que oui, il s'en souvient bien sûr.

« Nous nous sommes promis de tout nous dire. Tu t'en souviens ? » Il hoche la tête. J'attends, mais il ne dit pas un mot.

« Est-ce qu'il n'y a pas quelque chose que tu devrais me dire ?

— Comme quoi ? » réplique-t-il et il a l'air d'être agacé.

Je lui demande s'il lui est arrivé quelque chose d'important dont il voudrait me parler, tout comme je lui ai dit qui était vraiment Mr. Smith. Nous sommes censés tout nous dire et la seule raison pour laquelle je ne lui ai pas parlé du reflet dans le miroir, c'est parce que je n'en étais pas sûr à cent pour cent.

Il s'assied sur la selle de son Chopper, mais il se relève aussitôt. Un bateau de pêche sort du port, près du phare où Zelda a failli être emportée par la vague. Frikkie déclare qu'il n'a rien à me dire. Il dit qu'il doit y aller sinon il va rater le train de dix heures moins le quart et il faut qu'il aille récupérer son sac chez moi.

Nous nous disons au revoir en nous serrant la main. Avant de s'en aller, il me dit que nous nous reverrons en sixième l'année prochaine. Nous jouerons dans l'équipe A des minimes et Frikkie sera de nouveau capitaine. Il est tellement bon comme demi de mêlée. Notre grand rêve est de jouer dans l'équipe première de Jan-Van-Riebeeck quand nous serons grands. Frikkie veut devenir un Springbok pour pouvoir jouer contre les All Blacks avec l'équipe d'Afrique du Sud. Papa dit que Frikkie ira loin comme joueur de rugby. Il dit que c'est rare chez un garçon si jeune de jouer au rugby avec une telle endurance et une telle détermination. Et lui comme demi de mêlée et moi comme demi d'ouverture, nous faisons une excellente paire. Je sais que Frikkie joue mieux que moi. Mais je suis plus intelligent que lui.

Pendant un long moment, je regarde Frikkie marcher en poussant son Chopper en direction de St. James. Puis je monte sur le mien et je pédale vers Simonstown.

J'essaie de voir si les pêcheurs sur le quai ont pris quelque chose. Leurs cannes sont toutes raides et on dirait qu'il ne se passe pas grand-chose. Je crois apercevoir les frères Kemp au milieu du quai, mais il est difficile d'en être sûr depuis la route. Les Kemp n'ont pas les moyens de partir en vacances. Pendant celles-ci et le week-end en général, les frères de Zelda sont toujours de ce côté-là de la route et ils vendent leur poisson aux vacanciers à des prix incroyablement élevés. Les gens du Transvaal qui viennent ici pour les vacances sont trop bêtes pour se rendre compte qu'ils se font arnaquer. Papa plaisante parfois en disant des gens du Transvaal qu'ils sont tous idiots parce que leurs ancêtres étaient des mineurs analphabètes.

La plage de Fish Hoek est noire de monde. Vue d'ici, la plage ressemble à un jardin rempli de grosses fleurs rouges, bleues et jaunes. Quelques surfeurs sont en train de nager sur leurs planches au-delà des déferlantes. Je voulais une planche de surf pour apprendre à surfer, mais mon père a dit que les surfeurs étaient tous des fumeurs de *dagga* et qu'ils mettaient des produits sur leurs cheveux pour les décolorer.

Là où la route remonte la colline de l'autre côté de Fish Hoek, juste au-dessus de la *pastorie*, je descends de bicyclette et je la pousse jusqu'à ce que la route décline de nouveau. De ce côté de Simonstown, on peut sentir l'odeur d'huile en provenance de la pêcherie où travaille le père de Zelda. Sur la plage, au-dessous de la pêcherie, Jan Bandjies et son équipe s'activent à remonter leurs filets. Il y a des gens tout autour qui veulent voir ce qu'ils ont pris. J'abandonne le Chopper au bord de la voie ferrée et je vais sur la plage à pied. Jan me donne parfois un *stompneus* ou un *hotnotsvis*, mais aujourd'hui les filets ont l'air d'être vides et j'ai des scrupules à demander. Et de toute façon je n'ai rien pour le transporter.

Jan Bandjies, dans l'eau jusqu'à la taille, me dit bonjour et crie pour que je vienne leur donner un coup de main. Mais je n'ai pas vraiment envie de les aider aujourd'hui. Je m'arrêterai ici sur le chemin de retour de Simonstown. Je vois un sous-marin à quai là-bas. Je veux aller y jeter un coup d'œil.

Les gardes de la base navale connaissent mon père et quand Frikkie et moi venons, ils nous laissent entrer sans problème. Les jambes croisées sur mon Chopper, je suis en train de regarder le sous-marin. C'est la SAS *Maria Van Riebeeck*. SAS veut dire South African Ship et la République a deux autres sous-marins identiques à celui-ci. Ils ont tous des noms de femmes. Les deux autres sont la SAS *Emily Hobhouse* et la SAS *Johanna Van der Merwe*. Nous n'avons des sous-marins que depuis quelques années seulement.

Je roule le long du ponton où sont amarrés les Namacurras et je me penche pour regarder leurs coques. Sur tous les navires et tous les bateaux, des marins en uniformes et en combinaisons bleus lavent les ponts et font briller les équipements. Du ponton, deux marins ont jeté des lignes dans le port. De temps à autre, ils remontent quelque chose et le mettent dans un seau. Je me rapproche et je vois qu'ils attrapent des petits anges de mer à rayures jaunes et bleues. Un des Namacurras passe et les vagues de son sillage viennent cogner contre le ponton.

Les deux marins qui prennent des anges de mer me regardent, penchés sur le seau, et murmurent quelque chose. On dirait qu'ils parlent de moi. L'un d'eux finit par me demander : « Tu es le fils du général Erasmus ? » Je hoche la tête et les deux ricanent.

Je suis allé pêcher sur des Namacurras deux fois avec Papa et le général de brigade Van der Westhuizen. D'habitude, nous jetons l'ancre au large de Smitswinkel Bay et nous y passons tout le samedi. Un jour, un immense requin blanc est passé contre le bateau et a tourné autour de nous un moment avant de s'en aller. Il était presque aussi long que le bateau et Papa a dit que s'il avait eu son pistolet sur lui, il lui aurait tiré une balle dans la tête.

J'ai l'impression que les marins parlent encore de moi, et ils rient sans arrêt. Je n'ai plus envie de rester dans le coin. Je tourne mon chopper et je roule au-delà du sous-marin. Derrière moi, je les entends rire et j'aimerais être déjà à Sedgefield.

Quand nous partons là-bas pour les vacances, Papa et Maman laissent toujours leurs montres à la maison, parce qu'ils veulent se débarrasser de toutes les règles et de toutes les conventions de la vie urbaine. Maman dit que c'est la seule occasion qu'a mon père d'échapper à ses responsabilités et d'échapper à tout. Quand elle parle comme ça, elle me fait penser à quelqu'un à qui il manque quelque chose. Je crois que la ferme où elle a grandi lui manque, tout comme le Tanganyika manque à mon père. Papa dit toujours que les souvenirs les plus précieux, c'est ce dont on se souvient de son enfance. On n'oublie jamais les choses qu'on a apprises ou les choses qui se sont passées pendant l'enfance. Ces choses constituent les fondations pour l'avenir. Papa dit qu'on peut voir le revers de la médaille chez Sanna Koerant. C'est parce que son père était un vieil ivrogne dans les rues d'Arusha qu'elle est devenue cette vieille commère qui n'a jamais un mot gentil pour personne. C'est à cause de tous ses commérages et parce qu'elle essaie toujours de paraître si sage que les gens ont commencé à l'appeler Koerant. Tout le monde la connaissait, depuis Méru jusqu'au Kilimandjaro. Beaucoup de gens détestaient Sanna Koerant. Lorsque les Mau Mau ont assassiné les Blancs au Kenya, elle a raconté à tout le monde que le Kilimandjaro appelait ses enfants pour qu'ils réclament leur droit de naissance et que *Uhuru* était proche. Elle a provoqué une telle confusion en disant ça qu'elle a dû présenter ses excuses à beaucoup de gens avant qu'ils ne l'acceptent de nouveau chez eux. Papa dit que, tout comme Sanna Koerant est devenue une vieille dame aigrie à cause de son ivrogne de père, les enfants qui ont grandi dans des foyers chrétiens stables deviendront des adultes chrétiens stables. Les rêves des parents deviennent les rêves des enfants.

Je quitte la base navale et je tourne à droite pour rentrer à la maison. Le soleil est tellement brûlant que je n'ai pas envie de rouler jusque chez moi. Je vais prendre le train et je descendrai à Kalk Bay, comme ça Maman ne pourra pas me voir. Si elle me voit descendre du train, je lui dirai que j'avais peur de l'insolation.

J'attends le train dans la gare de Simonstown. Dès qu'il s'arrête, je pousse le Chopper dans un compartiment vide. À l'intérieur, c'est un véritable four et ça sent le plastique et les mégots de cigarette. Je cale le Chopper sur sa béquille entre les sièges dans l'espace qui se trouve devant la portière. Puis je vais m'asseoir du côté de la mer pour contempler la vue. La tête d'un springbok blanc est gravée sur la vitre. J'ai la chemise collée au plastique du siège, j'ai chaud et je me sens tout transpirant. Peut-être que je devrais ouvrir la fenêtre. Je me lève et, des deux mains, je baisse la vitre. Dès qu'elle est ouverte, l'odeur de l'eau de mer et du bambou marin envahit le compartiment. J'inspire profondément et j'appuie ma tête contre le dossier très haut. Il y a pas mal de yachts dans la baie, mais pas autant que le week-end. Peut-être parce qu'il n'y a pas beaucoup de vent aujourd'hui. Il n'y a pas de brume de chaleur au-dessus de la mer et les montagnes de l'autre côté de la baie semblent très proches. Le train démarre et l'air frais s'engouffre dans le compartiment.

Je me lève et je me penche à la fenêtre pour voir si Jan Bandjies et son équipe sont encore sur la plage. Je vois Jan torse nu, la combinaison roulée autour de la taille, se pencher sur les filets. Juste avant que le train n'arrive à sa hauteur, je mets les mains en porte-voix et je crie de toutes mes forces : « Jaaaaan ! » Et oui ! Il m'entend parce qu'il lève la tête et je sors mes deux bras par la fenêtre et je les agite comme un fou pour qu'il me voie. J'ai l'impression qu'il va me manquer, mais au moment où nous allons le dépasser, il me reconnaît et agite les bras à son tour. Je vois qu'il rit et je ris moi aussi, et je continue d'agiter les bras jusqu'à ce que le train soit trop loin pour que je puisse encore le distinguer. C'est dommage que je ne lui aie pas dit que nous partions en vacances demain.

*Nous sommes réveillés par les cris des soldats assis contre la paroi du barrage. Au début, je crois entendre le bruit de nos hélicoptères qui approchent, mais les cris de panique me ramènent à la réalité. Je bondis et le vertige menace un instant de me faire retomber. Je fais un pas en avant et je garde l'équilibre en me concentrant sur le bruit qui se rapproche. En une fraction de seconde, tout le monde comprend ce qui est en train de se passer. Nous levons tous les yeux vers le ciel.*

*Comme surgis de nulle part, ils viennent vers nous. Les deux premiers ont dû alerter les sentinelles. Quatre autres suivent – parfaite formation se découpant sur le ciel bleu.*

*Je crie : « Non ! Non ! Non ! » Je veux crier à chacun de se mettre à couvert, mais il est déjà trop tard.*

*Avec une précision qui ne doit rien au hasard, ils arrivent, lentement. Lorsqu'ils sont presque au-dessus de nous, ils larguent leur cargaison mortelle : suspendues par des parachutes dans une chute au ralenti, les bombes s'abattent sur la paroi du barrage, juste au-dessus de nos têtes.*

Maman me demande où est Frikkie et je lui dis qu'il est rentré chez lui.

« Vous vous êtes disputés ? insiste-t-elle.

— Non, Maman. Il voulait rentrer chez lui, c'est tout. »

Ilse et moi aidons Maman à empaqueter les provisions qu'elle a achetées pour les vacances. Elle m'envoie ramasser les couvertures et les oreillers dans le salon où Frikkie et moi avons dormi, la nuit dernière. Doreen n'est pas là pour ranger derrière moi.

Maman dit que nous devrions tous nous coucher de bonne heure ce soir, afin de pouvoir nous lever tôt, demain matin. Plus tôt nous partirons, plus tôt nous serons à Sedgefield, et moins nous aurons à nous inquiéter d'avoir à rouler en pleine chaleur. Nous devons avoir terminé de faire nos bagages ce soir et lorsque Papa rentrera, je l'aiderai à accrocher la remorque du bateau à la voiture. Comme ça nous n'aurons plus qu'à mettre les valises dans la voiture demain matin avant de partir.

Tout ce qui reste dans le réfrigérateur et qui pourrait tourner pendant les vacances, Maman le met dans un sac Checkers pour le donner à Doreen à l'hôpital.

Quand nous arrivons à Groote Schuur, il nous faut tout d'abord trouver la section réservée aux Coloureds. Une fois que nous y sommes, nous devons attendre à la réception que quelqu'un veuille bien s'occuper de nous. Il n'y a personne dans la salle d'attente. Ilse dit qu'elle se demande où peut bien être Doreen puisqu'elle était censée nous attendre à la réception.

Maman appuie sur la sonnette. Pendant que nous attendons, Maman nous dit que ce n'est ni le moment, ni l'endroit pour demander à la pauvre Doreen comment s'est passé l'accident. Doreen est probablement épuisée et exiger qu'elle nous raconte cette horrible histoire constituerait un manque absolu de sensibilité.

L'endroit sent comme un hôpital et il y a de longs corridors qui partent dans toutes les directions. Je me demande si Chris Barnard est ici, quelque part en train de faire une transplantation cardiaque. Cette section de l'hôpital a l'air plus petite et plus sombre que celle dans laquelle avait séjourné Ouma Erasmus, si je m'en souviens bien. Je me demande où sont passés tous les docteurs, parce que tout paraît tellement tranquille ici. Je me demande s'il y a des docteurs coloureds ou bien si les docteurs blancs doivent opérer les Coloureds. Au bout d'un moment, une infirmière en chef coloured arrive et nous demande ce qu'elle peut faire pour nous. Maman lui dit que nous sommes venus voir un des patients. L'infirmière demande de quel patient il s'agit. Maman dit que c'est le garçon qui a été grièvement brûlé à Beaufort West. Sa mère et lui sont arrivés cet après-midi en ambulance. L'infirmière dit qu'ils ont trop de blessés pour savoir qui c'est, elle a besoin du nom du patient.

Maman dit qu'il s'appelle Neville. L'infirmière regarde Maman comme si elle attendait autre chose. Puis elle demande : « Et son nom ? Quel est le nom du patient ? »

Maman répond qu'elle ne le connaît pas.

Ilse dit alors : « C'est Malan. Il s'appelle Neville Malan et sa mère est Mrs. Doreen Malan. » Je ne savais pas qu'il y avait aussi des Malan coloureds et je me demande comment Ilse a bien pu apprendre le nom de Doreen. L'infirmière consulte son registre, puis nous dit que nous pouvons la suivre, même si ce n'est pas vraiment une heure de visite.

Doreen est debout près du lit. Elle lève la tête et vient vers nous. Elle a l'air tellement vieille. Maman lui demande comment va Little-Neville. Doreen dit que le pire est passé, mais que les brûlures sont très graves. Elle dit que les jambes, les fesses et le dos sont couverts de brûlures. Il va devoir rester à l'hôpital pendant deux mois. Elle dit que les brûlures de ce genre mettent très longtemps à guérir et que, une fois guéries, les cicatrices restent là pour toujours.

Maman demande à Doreen comme elle se sent et elle répond qu'elle a pleuré toutes les larmes de son corps, qu'elle accepte désormais le fait que ça ait eu lieu et qu'on ne puisse rien faire pour y changer quoi que ce soit. Maman dit que c'est la seule manière, véritablement, de faire face à une tragédie aussi effroyable. Tant que Doreen gardera la foi, tant qu'elle saura que ces choses n'arrivent pas sans raison, il lui sera facile de supporter la douleur. Maman dit que Doreen ne doit jamais oublier les épreuves terribles de Job et la façon dont il a toujours gardé sa foi en la volonté de Dieu.

Le lit est couvert d'un grand drap en plastique qui fait penser à une tente. Little-Neville est couché sur le ventre. Il y a des tubes dans son nez et ses yeux sont fermés. Doreen dit qu'il dort parce que le long trajet en ambulance a été très éprouvant.

Il est entièrement nu et ses bras sont attachés au lit par des rubans en plastique pour l'empêcher de gratter les brûlures. Ses jambes sont écartées afin qu'elles ne frottent pas l'une contre l'autre. Entre ses cuisses, sur ses fesses et sur tout le dos, on dirait un grand morceau de foie cru.

Les médicaments, les onguents et tout le reste sentent trop mauvais et je me bouche le nez. Je ne veux plus regarder. Je m'éloigne pour regarder par la fenêtre.

Le soleil s'est couché et les Cape Flats sont recouverts d'une lueur rouge. Des nuages rouges ont envahi le ciel jusqu'aux Hottentots-Holland, et c'est comme si un feu brûlait au firmament. Ça ressemble au soir où Papa et moi étions en haut de Sir Lowry's Pass. Papa dit que l'ensemble des Cape Flats était autrefois un grand marécage d'un seul tenant. Il a fallu des décennies pour assécher les marais. Le gouvernement a asséché le marécage jusqu'aux collines de Kuilsriver pour faire de l'espace et y loger plus de gens. C'est comme ça que nous avons domestiqué la nature.

Derrière moi, j'entends Doreen raconter à Maman et à Ilse que les docteurs ne peuvent pas couvrir le dos de Little-Neville parce que les brûlures doivent sécher. Elle dit qu'elle est désolée que nous devions voir son enfant dans cet état. Je me retourne pour la regarder. Je pense qu'elle va se mettre à pleurer parce que ses lèvres tremblent. Maman passe son bras sur les épaules de Doreen et lui dit qu'elle doit essayer de rester forte.

La main sur le nez, je baisse les yeux pour voir le visage de Little-Neville. Je m'efforce de ne pas regarder son dos. Je trouve qu'il ressemble un peu à Doreen, mais sa peau est plus sombre et plus brillante que la sienne. Il a les cheveux complètement rasés. Il fait plus vieux que dix ans, mais on ne peut jamais vraiment savoir avec les Coloureds. Ils se ressemblent tous. Je le dévisage un long moment et je m'aperçois qu'il a vraiment les traits de Doreen. Il a ses joues rondes et le même petit renflement de la lèvre supérieure. Avec tous les pansements qui retiennent les tubes, je ne peux pas voir son nez. Mais il a le menton carré et celui de Doreen est plutôt pointu. Frikkie dit que Doreen ressemble à Liewe Heksie, mais je vois clairement que Little-Neville est bien le fils de Doreen.

Nous disons au revoir à Doreen dans la salle commune. Ilse lui donne le sac Checkers et Maman un billet de dix rands qu'elle sort de son porte-monnaie. Elle dit à Doreen que c'est pour Noël et qu'elle doit nous appeler à Sedgefield si nous pouvons faire quoi que ce soit pour l'aider. Maman dit à Doreen d'être forte et de bien se souvenir qu'elle et Little-Neville seront dans nos prières. Nous serons unis en prière, même si nous sommes séparés les uns des autres. Au moment où Ilse embrasse Doreen, elles se mettent toutes les deux à pleurer et je vois bien que Doreen fait des efforts pour rester debout. Au bout d'un moment, Maman pose la main sur l'épaule d'Ilse et dit que nous devons vraiment partir, même si c'est très douloureux.

Personne ne parle dans la voiture et Maman n'allume pas la radio comme elle le fait d'habitude. Plus tard, quand nous sommes presque arrivés à la maison, Ilse dit :

« Je crois que ce serait mieux s'il mourrait.

— Ma fille ! dit Maman. Pour l'amour de Dieu, comment peux-tu dire une chose pareille ? » Maman et moi sommes complètement choqués par ce que vient de dire Ilse.

« Maman, imagine seulement ce qu'il va ressentir quand il commencera à se souvenir de ce qui lui est arrivé. Pense à la haine qu'il va ressentir vis-à-vis des Blancs.

— Ma chère Ilse, comment peux-tu parler comme ça ? dit Maman. La Bible nous enseigne toutes ces choses. Tu viens de faire ta confirmation et tu parles comme quelqu'un qui n'a jamais mis les pieds au catéchisme. On nous apprend à pardonner et à oublier, jamais à rendre le mal pour le mal. Si tout le monde dans ce pays pouvait vivre conformément à ce qu'enseigne la Bible…

— Les gens ne peuvent pas manger des bibles » coupe Ilse et, l'espace d'une seconde, on a l'impression que la Coccinelle va faire un tonneau après l'embardée qu'elle fait sur la route.

« Je veux que tu te taises à présent, Ilse ! »

Maman ne dit rien de plus et nous faisons le reste du trajet jusqu'à la maison dans un silence absolu.

Je descends l'escalier avec ma valise au moment où Papa arrive à la porte d'entrée. Je l'entends parler avec Maman au bout du couloir. Il dit que Mr. Smith va passer la nuit chez les Van der Westhuizen. Le général de brigade Van der Westhuizen va se rendre au Chili l'année prochaine et, ce soir, il veut profiter de la présence du général pour en apprendre un peu plus sur ce pays et son peuple.

J'observe Papa en uniforme marcher dans le couloir. Dans une main, il tient sa serviette et, dans l'autre, le sac de sport dans lequel il transporte ses vêtements civils. Il s'arrête quand il me voit sur la dernière marche. Nous nous dévisageons un moment. Puis il demande :

« Je n'ai pas droit à un baiser, ce soir ? »

Je pose la valise dans le couloir et je me dirige vers lui. Maman est debout sur le seuil de la cuisine dans sa robe de chambre rouge et elle nous regarde. Lorsque j'arrive devant lui, je m'arrête et je le regarde droit dans les yeux. On dirait qu'il a été au soleil, parce que son visage est rouge. Il me dévisage à son tour et je baisse les yeux. Il se penche rapidement vers moi et m'embrasse. Il sourit et me demande si les vacances m'ennuient déjà. Je réponds que non, que je ne m'ennuie pas. Je ne quitte pas les yeux du sol.

Je porte la valise dans leur chambre pour la poser avec les autres. Ilse arrive et embrasse mon père. Maman entre et met les dernières choses dans les valises qui sont sur le lit. Elle demande à Papa s'il a été au soleil, parce qu'il a le visage bronzé. Papa répond qu'il a passé la journée dehors sur la côte Ouest, à visiter des sites. Un peu plus tôt dans la soirée, ils ont rencontré le Ministre.

Papa dit que je peux prendre une douche rapide avec lui. Maman demande si Mr. Smith a été content de son séjour avec nous, et Papa répond qu'il l'a prié de remercier de nouveau Maman pour tout. Il a dit aussi qu'il était désolé de ne pas avoir eu l'opportunité de me dire au revoir, mais comme Frikkie et moi étions endormis quand il est parti, il n'a pas voulu nous réveiller.

Papa et moi nous déshabillons dans la salle de bains. Il pose son sac de sport près du panier de linge sale dans le coin. Quand nous sommes tous les deux nus, il entre dans la douche. Avant que je ne puisse entrer à mon tour, il ressort la tête et dit que je devrais jeter un coup d'œil dans son sac de sport – Mr. Smith nous a fait une surprise, à chacun de nous.

J'ouvre la fermeture éclair du sac et je découvre quatre paquets-cadeaux sur les vêtements de

Papa. Le plus lourd porte le nom de Papa inscrit dessus. Il y a un tout petit pour Maman et un long et cylindrique pour Ilse. Le mien est un petit paquet rectangulaire. Papa sort la tête de la douche de nouveau et dit :

« Pourquoi ne pas attendre un peu, mon garçon. Nous pourrons les ouvrir tous ensemble quand nous aurons pris notre douche. Pose-les sur le lit de Maman. »

J'entoure une serviette autour de ma taille et j'emporte les paquets dans la chambre pour les poser sur le lit.

« Des cadeaux ? s'écrie Maman. De qui, Marnus ?

— De la part du général, Maman.

— Tu veux dire de Mr. Smith, mon garçon ! »

Je repars dans la salle de bains.

« Tu viens, Marnus ? lance mon père, sous la douche. J'ai presque fini.

— Je préfère prendre un bain, Papa » dis-je et je ramasse mes vêtements sur le sol.

Papa passe la tête à travers le rideau de douche et demande : « Depuis quand prends-tu des bains si tu as le choix de prendre une douche ? »

Je regarde ses cheveux mouillés et l'eau qui dégouline sur son visage.

« Les écorchures sur mes genoux, Papa. Elles me font mal quand je me douche. » Papa me regarde avec un air bizarre, puis il hoche la tête et repart sous la douche.

Pendant que je suis dans mon bain chaud à examiner les croûtes sur mes genoux, je repense à tout ce qui s'est passé au cours de ces derniers jours. Tout a changé depuis que le général est arrivé chez nous. Rien n'est plus pareil. Ilse frappe à la porte de la salle de bains et m'annonce que Papa veut que nous ouvrions nos cadeaux.

Je vais m'asseoir sur le lit avec Ilse et Papa. Maman fait toujours les bagages. Elle s'approche et vient s'asseoir avec nous au milieu des valises. Papa dit à Maman d'ouvrir son cadeau la première. Elle fait une drôle de grimace et commence à ouvrir son paquet. À l'intérieur, elle trouve une boîte minuscule avec deux petites boucles d'oreilles en forme de fleur avec des pierres vertes. Maman dit que c'est un cadeau merveilleux et que les pierres sont assorties à la couleur de ses yeux. Papa lui dit de les mettre pour qu'on puisse voir quel effet ça fait. Une fois qu'elle les a mises, elle soulève ses cheveux derrière sa tête pour nous montrer.

Le cadeau d'Ilse est un grand morceau de tissu couvert de motifs brillants. Ça ressemble à une nappe ou à quelque chose qu'on pourrait suspendre contre un mur. Les motifs représentent des femmes qui dansent et Ilse dit qu'elle aimerait bien en faire une robe. Papa dit que le tissu est le produit d'un art typique pratiqué par les femmes du Chili. C'est du poil de lama tressé. Ilse va se placer devant le miroir et cale le tissu sur ses épaules. Elle traverse le tapis et exécute quelques mouvements de danse, afin que nous puissions voir à quel point elle est contente de son cadeau.

Lorsque Papa dit que je peux ouvrir le mien, je réponds qu'il peut ouvrir le sien d'abord. C'est le plus lourd. C'est une boîte longue et plate et lorsqu'il ouvre les fermoirs et soulève le couvercle, apparaît un pistolet chromé sur du velours bleu ciel. Papa siffle et dit qu'il a été fabriqué au Chili, et qu'il n'y en a pas deux comme ça en Afrique du Sud, à sa connaissance. Il caresse le barillet. Puis il prend le pistolet et le pointe vers la porte, parce qu'on ne pointe jamais un pistolet sur quelqu'un – même s'il n'est pas chargé.

Une fois qu'il a reposé le pistolet dans sa boîte, Papa dit que mon tour est venu.

Je m'empare du petit paquet. Il ne semble pas lourd.

Je ne veux pas l'ouvrir. Je ne veux rien du général et je déteste Papa. Je sais maintenant que ce n'était pas le reflet d'Ilse dans le miroir, l'autre soir, et j'ai toujours su que ce n'était pas un rêve.

« Allez, allez, dit Maman. Ouvre-le, Marnus, nous voulons voir ! »

Je décolle le scotch et le papier d'emballage s'ouvre lentement sous ma main. À l'intérieur, deux objets rectangulaires. Je n'arrive pas à comprendre ce que c'est.

Papa se penche et regarde le contenu du paquet : « Ce sont des épaulettes. Ce doit être ses épaulettes… »

Je baisse les yeux vers les trucs rouges au milieu du papier dans mes mains. Je ne veux pas les toucher. Elles sont faites d'un tissu rouge et elles sont brodées tout autour de petites feuilles dorées. Au centre, brodées d'or aussi, deux grosses étoiles à cinq branches pointues.

Maman me demande de les prendre pour que nous puissions les voir. Papa dit que c'est un grand honneur quand un général donne ses épaulettes à quelqu'un. Il dit que j'ai dû impressionner Mr. Smith pour qu'il me fasse un tel cadeau.

C'est Ilse qui suggère que je devrais enfiler ma tenue de camouflage pour qu'on y place les épaulettes. Je secoue la tête et je dis que je n'ai pas envie de me changer. Mais c'est à présent Papa qui me dit d'aller mettre ma tenue de camouflage. Il va m'aider à placer les épaulettes avec leurs petites vis. Je regarde Maman, mais elle aussi dit que je dois me changer.

Je monte dans ma chambre et je décroche la tenue du cintre dans l'armoire. L'année dernière, Frikkie et moi en avons reçu chacun une quand Papa est revenu de l'étranger. Je me change et je redescends.

Papa examine son pistolet de nouveau, et Maman et Ilse étudient les danseurs sur le tissu.

Papa m'aperçoit sur le seuil et me dit d'approcher pour qu'il puisse fixer les épaulettes. Je fais quelques pas en avant, mais je m'arrête vite. Je fixe le pistolet dans ses mains.

« Viens un peu plus près, mon garçon, dit-il en prenant les épaulettes sur le lit, pour que Papa puisse les placer. »

Je secoue la tête.

Il fronce les sourcils et répète : « Allez, viens les mettre maintenant, Marnus. » Mais je reste immobile au milieu de la chambre. Je ne peux pas bouger.

Maman et Ilse ont cessé de parler.

« Qu'est-ce qui t'arrive, Marnus ? demande Maman. Approche, que ton père puisse te mettre les épaulettes. »

Je secoue la tête sans détacher mon regard de lui. Je sais que si j'essaie de parler, je vais me mettre à pleurer. Il a les yeux plissés, ce qui lui donne un air différent de tous ceux que je lui connais. Il parle. Sa voix est très douce, cette fois :

« Viens ici, Marnus. »

J'ai peur de lui. Il parle de nouveau, mais je ne peux pas entendre ce qu'il dit. Il y a un silence tout autour de moi et je vois seulement ses lèvres bouger. Dans ma tête résonne quelque chose comme le bruit de la mer, avec des oiseaux qui battent des ailes.

Je n'aurais jamais dû redescendre de ma chambre. J'aurais dû y rester. Je n'aurais pas dû regarder par les trous du plancher. C'est Dieu qui me punit à présent pour tous mes mensonges et parce que Frikkie a copié sur moi. Je n'aurais jamais dû… mais avant même que j'aie fini de penser, il est à côté de moi.

Il me prend par le bras et m'emmène dans la salle de bains. Il me tient d'une main et me frappe de l'autre. Il me frappe sur les fesses et le dos, et j'ai l'impression de ne plus pouvoir respirer. Il crie, mais je n'entends rien de ce qu'il dit. Je n'entends que le bruit de la mer et des centaines d'oiseaux qui tournent autour de ma tête.

Je me mets à pleurer et j'entends de nouveau sa voix.

Je crie pour qu'il cesse, mais il continue à me frapper en me disant que je ferais bien de l'écouter quand il me parle. Il crie : « Qu'est-ce qui t'a pris ? » Je suis incapable de répondre, je pleure et j'essaie de parler en même temps. Je crois que je vais m'étouffer parce que je ne peux pas respirer. J'aspire de toutes mes forces.

Soudain, il s'arrête.

Il me pose sur le sol de la salle de bains et me retourne pour que je sois face à lui. Je m'efforce de retrouver mon souffle. Et alors, pour la première fois, je m'aperçois que Papa est en train de pleurer. Il n'y a plus de colère dans son regard. Des larmes qui coulent de ses yeux et les commissures de ses lèvres tournées vers le bas. Il s'agenouille devant moi et passe ses mains sur mes joues et mes cheveux. Il essaie de dire quelque chose à travers ses larmes. Je l'entends dire qu'il est désolé de m'avoir frappé.

Il me prend dans ses bras et me serre contre sa poitrine, jusqu'à ce que je sente ses larmes passer la chemise de ma tenue de camouflage. Je prends sa tête dans mes bras et nous pleurons ensemble, dans les bras l'un de l'autre. Nous restons comme ça un long moment, Papa et moi, lui toujours agenouillé sur le sol de la salle de bains.

Quand il a fini de pleurer, il m'écarte doucement de lui. Il me regarde de ses yeux humides et lentement il ébauche un sourire.

Puis il dit : « Bien, bien. C'est quoi, ces pleurnicheries ? Les taureaux ne pleurent pas. » Et il fait une drôle de grimace qui me fait rire.

Maman et Ilse sont debout devant la coiffeuse. Maman tient Ilse dans ses bras. Dans sa longue robe de chambre à motif cachemire, Maman ressemble à la photo près de ma fenêtre, où elle est en train de chanter. Mais à présent elle se contente de me regarder. Elle me regarde comme quand on voit quelqu'un pour la première fois, dans un endroit où on ne s'attendait pas à rencontrer cette personne.

Papa s'assoit sur le lit, avec moi debout devant lui. Il prend les épaulettes et les attache sur ma tenue de camouflage.

*Le visage du chef de section noir est tout près de moi. Il demande si j'éprouve la moindre sensation dans les jambes. Il me dit que tout va bien se passer. J'essaie de secouer la tête pour l'avertir. J'essaie de lui parler, de lui dire que je savais depuis le début, comme tous les autres.*

*Mais je suis muet.*

*Je sens le visage de Papa contre ma poitrine et mes bras autour de sa tête, et je me sens en sécurité. Mais c'est une sécurité d'un autre genre à présent. La mort apporte sa liberté spécifique, et ce sont les vivants que les morts devraient pleurer, parce que dans la vie, on n'échappe pas à l'histoire.*

De retour dans ma chambre, je n'ai aucune envie de retirer ma tenue de camouflage, et je reste devant le miroir à m'examiner pendant un long moment. Je me mets au lit, en tenue de camouflage.

Une fois allongé, j'entends des bruits de pas dans l'escalier. Je me demande qui ça peut bien être. Quelqu'un entre dans la chambre et le plancher craque légèrement.

« Qui est-ce ? dis-je dans un souffle.

— Chut, dit la personne. C'est moi. » C'est la voix d'Ilse.

« Qu'est-ce que tu veux ? » dis-je. Elle vient s'asseoir au bord du lit.

« Marnus, je suis désolée d'avoir dit que tu devais mettre ta tenue de camouflage. Je suis vraiment désolée...

— T'es pas bien ou quoi ? Laisse-moi tranquille. De toute façon, je suis très content de l'avoir mise.

— Marnus, tu ne comprends pas ce qui vient de se passer... » Mais avant qu'elle puisse achever sa phrase, je crie : « Sors d'ici ! Tu ne sais absolument rien ! »

Elle reste quelques secondes au bord de mon lit. On dirait qu'elle fronce les sourcils. Elle secoue lentement la tête, puis elle s'en va et descend l'escalier sans faire de bruit.

Je reste allongé sur le dos et je pense aux vacances, à Frikkie, à l'année prochaine. Soudain, c'est comme si je savais tout : c'est mieux que Frikkie ne m'ait rien dit ce matin. Nous savons tout l'un de l'autre. Nous ne partageons nos secrets avec personne d'autre. Si je veux dire quelque chose sous le sceau du secret, c'est à Frikkie que je vais le dire. Et je sais que s'il veut parler de quelque chose à quelqu'un, c'est à moi et à moi seulement qu'il va le dire. S'il ne voulait pas me parler de Papa, il n'en parlera jamais à qui que ce soit d'autre. Et c'est bien comme ça.

Entre nous, le secret sera toujours préservé.

Couché dans l'obscurité, en attendant de m'endormir, je sens quelque chose entre mes jambes. Mon John Thomas est dur et chaud, et c'est agréable quand je glisse ma main dans mon pantalon pour le tenir. Avec la lumière de la lune dans ma fenêtre et le bruit des vagues au-delà de la voie ferrée, je m'endors. Et, pour la première fois, je fais ce rêve de Frikkie et moi galopant sur la plage de Muizenberg. Nous sommes en uniforme et les chevaux sont tout près de l'eau. On entend comme le son d'une voix de femme qui chante quelque part. Au loin, je peux voir quelqu'un qui s'éloigne en courant. Maintenant c'est comme si la voix de la femme provenait des vagues rouges ou des sabots des chevaux, ou encore des dunes. Je n'entends rien d'autre que cette voix qui chante. Puis, nous nous rapprochons de la personne qui nous fuit. Progressivement, les chevaux la rattrapent. À travers la brume, je vois que cette personne porte un chapeau, et lorsqu'elle se retourne et crie, c'est Zelda Kemp. Elle essaie de s'échapper, mais les chevaux sont sur elle. Lorsqu'elle se rend compte que nous allons l'attraper, elle traverse la plage en direction des dunes. Je ris et je me tourne pour regarder Frikkie. Mais ce n'est pas Frikkie qui est sur le cheval à côté de moi. C'est Little-Neville.

Et tout ce que j'entends, c'est la voix de la femme qui chante.

Au matin, Papa et moi chargeons les valises dans la voiture et je l'aide à accrocher la remorque à la Volvo. Je lui dis que je suis impatient de partir en vacances et d'aller pêcher avec lui tous les jours. Pendant que nous attachons la voile sur le bateau, je lui demande si je ne pourrais pas venir l'année prochaine quand il ira pêcher le tiger fish dans l'Okovango. Depuis l'autre côté du bateau, il sourit et demande : « Dis-moi d'abord, mon petit taureau, est-ce qu'il y a de l'écume dans l'eau quand tu fais pipi le matin ? » Je souris à mon tour et je hoche la tête. Papa rit et me dit que, oui, je suis assez grand pour venir pêcher le tiger fish, et Maman n'a plus à se faire de souci.

Comme toujours, lorsque nous nous apprêtons à faire un long trajet, nous nous réunissons sur la véranda et Papa fait une prière pour que le voyage soit sans danger. Il prie pour que nous revenions de vacances, reposés et revigorés. Il prie pour Little-Neville et Doreen, et demande au Seigneur de les accompagner pendant la saison des fêtes. Il prie pour Mr. Smith et le Chili, et il prie pour nos hommes en uniforme. Il demande à Dieu de bénir notre pays en 1974 et de renforcer notre système de défense, afin que nous puissions vaincre l'ennemi qui fond sur nous de tous côtés.

Pendant que Papa prie, j'ouvre les yeux et je regarde à travers la baie. Je ne sais pas s'il existe un endroit plus beau au monde. Même avec la voie ferrée. C'est une journée parfaite, exactement comme hier. Un de ces jours qui fait dire à Maman : la main du Seigneur est posée sur False Bay.

10351

*Composition*
FACOMPO

*Achevé d'imprimer en Espagne*
*par* BLACKPRINT
*Le 2 avril 2013.*

Dépôt légal : avril 2013.
EAN 9782290028605
L21EPLN00873N001

ÉDITIONS J'AI LU
87, quai Panhard-et-Levassor, 75013 Paris

*Diffusion France et étranger : Flammarion*